国家职业技能等级认定培训教材
高技能人才培养用书

汽车维修工——
汽车车身涂装修复工
（初级 中级 高级）

组　编　国家职业技能等级认定培训教材编审委员会
主　编　于传功
副主编　李　超
参　编　石　磊　赫燕鹏　路永壮

机械工业出版社

本书是依据《国家职业技能标准》中对汽车车身涂装修复工初级、中级、高级的知识要求和技能要求，按照岗位培训需要的原则编写而成。本书主要内容包括车间安全与防火、人身安全与防护、喷涂设备与工具、前处理、损伤面的施涂与整平、漆面抛光、复杂表面的施涂与整平、中涂底漆的喷涂与打磨、单工序素色漆喷涂、双工序素色漆喷涂、深色面漆抛光、调色、中涂底漆的修补喷涂、双工序素色漆的修补喷涂、新旧漆面的抛光、理论考试及技能考评、缺陷的处理及预防等。本书还附有模拟试卷。

本书主要用作企业培训、职业技能鉴定培训的教材，也可作为技校、中职、高职及短训班的教学用书，还可供相关专业职工自学使用。

图书在版编目（CIP）数据

汽车维修工：汽车车身涂装修复工：初级 中级 高级/于传功主编.
—北京：机械工业出版社，2023.2
国家职业技能等级认定培训教材 高技能人才培养用书
ISBN 978-7-111-72305-9

Ⅰ.①汽… Ⅱ.①于… Ⅲ.①汽车-车辆修理-职业技能-鉴定-教材
Ⅳ.①U472.4

中国版本图书馆 CIP 数据核字（2022）第 252555 号

机械工业出版社（北京市百万庄大街 22 号 邮政编码 100037）
策划编辑：王 博 责任编辑：王 博
责任校对：肖 琳 张 薇 封面设计：马若濛
责任印制：单爱军
北京虎彩文化传播有限公司印刷
2023 年 3 月第 1 版第 1 次印刷
184mm×260mm · 12.75 印张 · 310 千字
标准书号：ISBN 978-7-111-72305-9
定价：49.80 元

电话服务 网络服务
客服电话：010-88361066 机 工 官 网：www.cmpbook.com
　　　　　010-88379833 机 工 官 博：weibo.com/cmp1952
　　　　　010-68326294 金 书 网：www.golden-book.com
封底无防伪标均为盗版 机工教育服务网：www.cmpedu.com

国家职业技能等级认定培训教材
编审委员会

序

新中国成立以来，技术工人队伍建设一直得到了党和政府的高度重视。20 世纪五六十年代，我们借鉴苏联经验建立了技能人才的"八级工"制，培养了一大批身怀绝技的"大师"与"大工匠"。"八级工"不仅待遇高，而且深受社会尊重，成为那个时代的骄傲，吸引与带动了一批批青年技能人才锲而不舍地钻研技术、攀登高峰。

进入新时期，高技能人才发展上升为兴企强国的国家战略。从 2003 年全国第一次人才工作会议明确提出高技能人才是国家人才队伍的重要组成部分，到 2010 年颁布实施《国家中长期人才发展规划纲要（2010—2020 年）》，加快高技能人才队伍建设与发展成为举国的意志与战略之一。

习近平总书记强调，劳动者素质对一个国家、一个民族发展至关重要。技术工人队伍是支撑中国制造、中国创造的重要基础，对推动经济高质量发展具有重要作用。党的十八大以来，党中央、国务院健全技能人才培养、使用、评价、激励制度，大力发展技工教育，大规模开展职业技能培训，加快培养大批高素质劳动者和技术技能人才，使更多社会需要的技能人才、大国工匠不断涌现，推动形成了广大劳动者学习技能、报效国家的浓厚氛围。

2019 年国务院办公厅印发了《职业技能提升行动方案（2019—2021 年）》，目标任务是 2019 年至 2021 年，持续开展职业技能提升行动，提高培训针对性实效性，全面提升劳动者职业技能水平和就业创业能力。三年共开展各类补贴性职业技能培训 5000 万人次以上，其中 2019 年培训 1500 万人次以上；经过努力，到 2021 年底技能劳动者占就业人员总量的比例达到 25% 以上，高技能人才占技能劳动者的比例达到 30% 以上。

目前，我国技术工人（技能劳动者）已超过 2 亿人，其中高技能人才超过 5000 万人，在全面建成小康社会、新兴战略产业不断发展的今天，建设高技能人才队伍的任务十分重要。

机械工业出版社一直致力于技能人才培训用书的出版，先后出版了一系列具有行业影响力，深受企业、读者欢迎的教材。欣闻配合新的《国家职业技能标准》又编写了"国家职业技能等级认定培训教材"。这套教材由全国各地技能培训和考评专家编写，具有权威性和代表性；将理论与技能有机结合，并紧紧围绕《国家职业技能标准》的知识要求和技能要求编写，实用性、针对性强，既有必备的理论知识和技能知识，又有考核鉴定的理论和技能题库及答案；而且这套教材根据需要为部分教材配备了二维码，扫描书中的二维码便可观看相应资源；这套教材还配合天工讲堂开设了在线课程、在线题库，配套齐全，编排科学，便于培训和检测。

这套教材的出版非常及时，为培养技能型人才做了一件大好事，我相信这套教材一定会为我国培养更多更好的高素质技术技能型人才做出贡献！

中华全国总工会副主席
高凤林

前　言

目前，取得职业资格证书已经成为劳动者就业上岗的必备条件，也是对劳动者职业能力的客观评价。取得职业资格证书不但是广大从业人员、待岗人员的迫切需要，而且已经成为各级各类普通教育院校、职业学院毕业生追求的目标。

2019 年 1 月，新的《国家职业技能标准　汽车维修工》开始实施，对汽车维修工提出了新的要求。为此，我们组织专家、学者、高级考评员，根据最新的国家职业技能标准，编写了这套培训教材。本套教材的主要特点如下：

1. 以现行国家职业技能标准为依据，以职业技能等级认定要求为尺度，以满足本职业对从业人员的要求为目标，对国家职业技能标准中要求的技能和有关知识进行了详细的介绍。

2. 以岗位技能需求为出发点，按照"模块式"教材编写思路，确定教材的核心技能模块，以此为基础，构建每一个技能训练项目所需掌握的相关知识、技能训练、模拟考试等结构体系。

由于编写时间有限，书中难免存在一些缺点和不足之处，恳请读者批评指正。

编　者

目 录
MU LU

汽车车身涂装修复工（初级）

汽车车身涂装修复工（中级）

汽车车身涂装修复工（高级）

常见缺陷的处理

汽车车身涂装修复工基础知识

　　汽车是现代交通工具之一，对美化城市和方便人民生活有重要作用。从车身外表看，除造型外，汽车的颜色、光亮度主要是靠涂层质量（外观、光泽、颜色等）来实现的。

　　汽车涂装的目的是使汽车具有优良的外观和优质的装饰保护性。涂层必须具备优良的耐蚀性、耐候性，并能耐受沥青、油污、酸碱、鸟粪等物质的侵蚀作用。汽车属户外产品，因此还要求汽车涂层能适应寒冷地区、湿热地带和沿海地区等的各种气候条件。汽车涂装（以汽车车身涂装为主）属于中高级装饰涂装，必须按照严格的工艺流程，在良好的涂装环境和条件下，进行精心的涂装，才能使涂层具有优良的装饰性。涂层的装饰性主要取决于色彩、光泽、饱满度和外观等。

　　涂层外观的优劣直接影响涂层的装饰性，漆膜的桔皮、颗粒等是影响涂层外观的主要因素，所以汽车涂层应平整光滑、镜物清晰，不应有颗粒。汽车涂装是多层涂装，其涂层由底漆层（20μm）、中间涂层（40~50μm）、面漆涂层（60~80μm）等组成。

　　在汽车修补涂装中会产生粉尘，这对操作人员的身体健康会产生不同程度的损害，因此应严格按照防护要求做好自身安全防护。另外，涂装也是对环境污染较大的行业，为了加强安全生产和环境保护，国家制定了安全生产和环境保护的法规政策和标准，如GB 6514—2008《涂装作业安全规程　涂漆工艺安全及其通风净化》，GB 7692—2012《涂装作业安全规程　涂漆前处理工艺安全及其通风净化》，《中华人民共和国大气污染防治法》等。以上充分说明涂装安全生产是非常重要的，因此从事涂装工作的技术人员必须全面熟悉涂装的安全生产工艺流程、安全防护等知识。

项目 1

车间安全与防火

在汽车车身修理车间内，安全生产和个人防护是防止发生火灾、伤亡事故和职业病，保障职工身体健康的重要措施。作业人员应学习相关的安全技术规程，了解和掌握安全施工方法，并在施工中严格遵守劳动保护法规。

1.1 工作环境与安全

1.1.1 清洁

车身修理包含车身修复和车身涂装，车身修复与车身涂装的工作区域要分开。调漆房采光要好，以便于颜色的辨识；房间密闭性要良好，以防止漆雾及粉尘污染。工作区域要有专门的废物密封收集桶；地面要保持清洁，不乱堆乱放。烤漆房要有废气净化装置，电路要有防爆装置，气路要能满足工位气动工具的使用要求，且气路要有油水净化装置。车辆通道应保持畅通。

1.1.2 通风

在使用腐蚀剂、脱脂剂、底漆和表面涂料时，可采取换气系统进行地面抽风。喷漆室需要有充分的通风换气，这不但可以加速涂面的挥发和干燥，也可以去除有害混合气体。

1.1.3 安全

在车身涂装的各个工位流转过程中，需要移动工件或者车辆，移动中应保持工件或车辆的安全和操作技术人员的安全。移动车辆时，一定要观察四周并确认通道上没有任何物品；应保持5km/h以内的速度缓慢移动；驾驶员一侧玻璃应在开启状态，以方便听到指挥人员的指令；避免猛踩加速踏板或制动踏板。停放车辆应将发动机熄火，自动档车辆应将档位置于停车位（P档）并拉紧驻车制动，手动档车辆应将档位置于倒档位置并拉紧驻车制动，点火开关处于断开位置。

1.2 用电用气安全

1）车间地面保持清洁干燥。所有的表面应保持清洁、有序，地板上的油、油脂、冷却液或油漆可能会使人滑倒。擦除油时，一定要用工业用的吸油剂。应保持地面干燥无水，水是导电的，如果绝缘层破损的带电导线落在有水的地面，就有可能发生严重的触电事故。

2）使用电动工具时必须有正确的接地，还应检查绝缘有无破裂。在使用电动工具时切勿站在潮湿的地板上。

3）接通电动工具电源之前，应确认电源开关是断开的，以防发生人身伤害；不使用时要切断电源。

4）使用压缩空气作为动力时，气动工具必须在制造厂指定的压力下工作。当喷嘴处于末端时，用于清洁的压缩空气出口压力必须保持在 2bar（$1bar = 10^5Pa$）以下。不要用压缩空气吹洗身上的衣服，因为即使低压力的压缩空气也能将灰尘颗粒嵌入皮肤内而导致感染。

1.3　消　防　安　全

涂装作业的火灾危险性大小与所使用涂料的种类、涂装方法、使用量、涂装场所的条件等有关。火灾事故会造成生命和财产的损失，影响正常生产和生活，因此涂装作业的技术人员和单位必须高度重视消防安全。

1.3.1　防火

在涂装作业场所严禁吸烟和明火作业。

1.3.2　火灾的分类及扑救

GB/T 4968—2008《火灾分类》根据可燃物的类型和燃烧特性将火灾分为如下 6 类：

1）A 类火灾：固体物质火灾。这种物质通常具有有机物性质，一般在燃烧时能产生灼热的余烬，如木、毛、麻、纸张等。

2）B 类火灾：液体或可熔化的固体物质火灾，如汽油、煤油、柴油、原油、甲醇、乙醇、沥青、石蜡火灾等。

3）C 类火灾：气体火灾，如煤气、天然气、甲烷、乙烷、丙烷、氢气火灾等。

4）D 类火灾：金属火灾，如钾、钠、锌、镍、锆、锂、铝镁合金火灾等。

5）E 类火灾：带电火灾，是指物体带电燃烧的火灾，如发电机、电缆、家用电器火灾等。

6）F 类火灾：烹饪器具内的烹饪物火灾，如动植物油脂火灾等。

不同类型的火灾要用不同类型的灭火器来扑灭，有些灭火器可以扑灭多种类型的火灾，应按照作业场所内可燃物的种类配备相应的灭火器。

在涂装作业场所不仅要配备灭火器，工作人员还必须能正确使用灭火器。灭火器上都有操作说明，如果不熟悉如何操作，一旦发生火灾，根本没有时间去阅读这些说明。

1.3.3　防气体爆炸

在工作物内（如槽罐、车厢、管道内）进行涂装作业，或在烘干室内作业时，由于换气不良导致空间内充满溶剂蒸气，在达到爆炸极限时若遇明火（火星、火花）就会爆炸。所以，应遵循防火规则，在上述场所禁止使用明火或吸烟。

1.3.4　防静电

电气设备选用不当或损坏后未及时维修，以及照明器具、电动机、开关、配线盘等在结

4

构上防爆考虑不充分，都有产生火花的可能。各种电气设备和照明灯、电动机、电器开关等都应有防爆装置，且电源应设在防火区域以外。涂装车间的所有金属设备都应可靠接地，防止静电积聚和静电放电。无尘干磨设备、调漆机、调色试喷柜、洗枪机等都应采取防静电接地。

1.3.5 防摩擦

使用静电涂装作业时不遵守操作规程，可能会产生火花放电，造成气体爆炸和火灾事故的发生。涂装过程中尽量避免敲打、碰撞、冲击、摩擦等动作，避免产生火花或静电放电引起燃烧。

1.3.6 废物处置

涂装作业中会产生"三废"，即废水（对车身表面进行脱脂、磷化、涂装等处理产生的废水）、废气（有机溶剂型涂料喷涂时产生的废气及前处理产生的处理液蒸气）、废渣（涂装前后产生的各种沉积物）。

废漆、漆雾粉尘、被漆料和溶剂污染的废抹布等未按规定保管，堆在一起易产生自燃。应及时清理涂装作业现场沾有易燃溶剂的物料，丢弃于专业的油渍废弃物防火垃圾桶内。切勿将溶剂或漆料倾倒于排水道。使用溶剂回收机可降低溶剂的弃置并可节约成本。涂装作业现场及调漆间应安装排风设备，保持良好的通风。喷漆作业应在专门的喷漆室内进行。喷漆之前移开手提烤灯，打开通风系统，开启喷漆房光源，清除可燃残余物；油漆干燥时保持通风。防火垃圾桶如图 1-1 所示。

图 1-1　防火垃圾桶

1.3.7 清理

储存的漆料应远离工作区域，储存在危险品安全柜中，工作区域保留一天的作业用量即可。还应及时清理、清洁所有设备与用具。危险品安全柜及其警示标牌如图 1-2 所示。

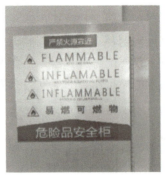

图 1-2　危险品安全柜及其警示标牌

重要提示：

车身涂装车间的油漆、有机溶剂和辅料大部分属于易燃、易爆化学品，溶剂型涂料不仅遇明火易燃烧，当挥发的有机溶剂气体与空气混合达到一定浓度时，遇明火也会发生爆炸。所以，在涂装作业现场应做好防火、防爆、防污染措施，以免发生安全事故。

涂装车间的职工都要熟悉防火安全知识、火灾类型及其扑灭方法，还要会使用各种消防工具，一旦发现火警，尤其是电器附近着火时，应立即切断电源，以防火灾蔓延和产生触电事故。当工作服着火时，切勿惊慌奔跑，应就地打滚将火扑灭。

1.3.8　灭火器

灭火器是由人操作的能在其自身内部压力作用下，将所充装的灭火剂喷出实施灭火的器具。

1. 常见灭火器的类型

（1）按操作使用方法不同分类

1）手提式灭火器：能在其内部压力作用下，将所装的灭火剂喷出以扑救火灾，并可手提移动的灭火器具。手提式灭火器的总质量一般不应大于20kg，其中二氧化碳灭火器的总质量不应大于28kg。图1-3给出了3种手提式水基型灭火器的外形。

2）推车式灭火器：装有轮子的可由一人推（或拉）至火场，并能在其内部压力作用下，将所装的灭火剂喷出以扑救火灾的灭火器具。推车式灭火器的总质量一般为25～450kg。

（2）按充装的灭火剂类型不同分类

1）水基型灭火器，又分为清水灭火器和泡沫灭火器。

2）干粉灭火器。

3）二氧化碳灭火器。

4）洁净气体灭火器。

图1-3　手提式水基型灭火器

（3）按驱动灭火器的压力形式分类

1）贮气瓶式灭火器：灭火剂由灭火器的贮气瓶释放的压缩气体或液化气体的压力驱动的灭火器。

2）贮压式灭火器：灭火剂由贮于灭火器同一容器内的压缩气体或灭火剂蒸气压力驱动的灭火器。

2. 常见灭火器的适用范围

1）二氧化碳灭火器的适用范围：适用于扑救易燃液体及气体的初起火灾，常应用于实验室、计算机房、变配电所，以及精密电子仪器、贵重设备或物品维护要求较高的场所。

2）干粉灭火器的适用范围：碳酸氢钠干粉灭火器适用于易燃、可燃液体、气体及带电设备的初起火灾；磷酸铵盐干粉灭火器除可用于上述几类火灾外，还可扑救固体类物质的初起火灾。

3）泡沫灭火器的适用范围：适用于扑救一般B类火灾，如油制品、油脂等的火灾。

4）扑救A类火灾应选用水基型、泡沫、干粉灭火器。

5）扑救 B 类火灾应选用干粉、泡沫、二氧化碳灭火器，扑救水溶性 B 类火灾不得选用泡沫灭火器。

6）扑救 C 类火灾应选用干粉、二氧化碳灭火器。

7）扑救 D 类火灾应选用专用干粉灭火器。

3. 常见灭火器的使用方法

（1）泡沫灭火器的使用方法

1）在未到达火源的时候，切记勿将其倾斜放置或晃动。

2）距离火源 10m 左右时，拔掉保险销。

3）拔掉保险销之后将灭火器倒置，一只手紧握提环，另一只手扶住筒体的底圈。

4）对准火烟的根部进行喷射。

（2）干粉灭火器的使用方法

1）拔掉保险销，上下摇晃几下。

2）根据风向，站在上风位置。

3）一手握住压把，一手握住喷嘴，对准火烟的根部进行灭火。

（3）二氧化碳灭火器的使用方法

1）拔掉保险销，一只手紧握提手，另一只手扶住喇叭筒。

2）将喷嘴对准火焰根部，按下压把即可进行灭火。

人身安全与防护

车身涂装人员应注意保护自身安全，因工作环境产生的污染不同防护措施也不同。

2.1 呼吸系统和肺部的防护

涂装作业过程中要有安全保护措施，合理的安全保护措施能起到很好的保护效果。根据作业环节的不同，对我们自身的保护要求也不同。正确使用防尘口罩，对我们的呼吸系统能起到很好的保护作用。

防尘口罩可以防止灰尘、漆雾、烟雾进入呼吸道，适合在刮涂原子灰、打磨原子灰、工件除尘以及干磨过程中佩戴，以保护我们的肺，预防哮喘。防尘口罩如图 2-1 所示。

活性炭口罩适用于尘雾、漆雾、烟雾浓度高的环境，如刮涂原子灰、除尘、除油、清洁工件等。活性炭口罩如图 2-2 所示。

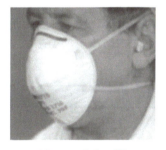

图 2-1 防尘口罩

图 2-2 活性炭口罩

测试防尘口罩是否正确佩戴，面罩与面部的密闭性是否良好的方法如下：将手掌盖在面罩的滤棉支架或滤盒上，轻轻吸气，如果面罩有轻微塌陷，并向脸部靠拢，且没有感觉气体从面部及罩体间漏进，则表示佩戴正确，密闭性良好；如果感觉有气体漏进，重新调节面罩位置或调整头带以防止漏气，重复上述负压测试直至密闭性良好。测试防尘口罩密闭性如图 2-3 所示。

根据粉尘颗粒大小选择合适的呼吸系统防护口罩或面具。呼吸保护系统的类型如图 2-4

图 2-3 测试防尘口罩密闭性

图 2-4 呼吸保护系统的类型

所示。各种粉尘、烟雾等颗粒的大小如图 2-5 所示。

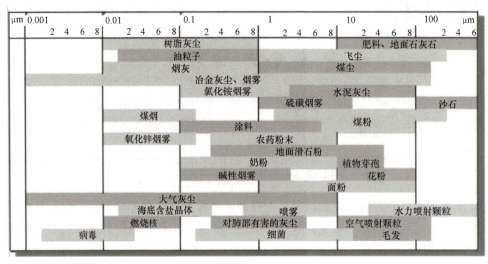

图 2-5　各种粉尘、烟雾等颗粒的大小

2.2　眼睛的防护

在涂装工作中应按操作规程做好眼睛的安全防护，因为溅出的化学药品、溶剂，打磨产生的火花、灰尘颗粒也会对眼睛造成伤害。安全眼镜和安全面罩的作用见表 2-1。

表 2-1　安全眼镜和安全面罩的作用

名称	图片	作　用
常用安全眼镜		打磨、工件除尘作业中的遮护
通用安全眼镜		防止灰尘、溶剂蒸气、油漆、溶剂溅出伤害眼睛
安全面罩		防止油漆和溶剂溅出伤害眼睛，用于打磨、调色、清洗喷枪作业

提示：漆料或溶剂溅入眼睛的处置方法。

在工作区域适合的位置预先安装紧急洗眼设备，当漆料、溶剂等溅入眼睛后，必须快速用大量清水清洗眼睛，切勿揉搓，然后送专门的医院进行检查治疗。清洗眼睛的方法如图2-6 所示。

图 2-6　清洗眼睛的方法

2.3　皮肤的防护

在涂装作业中应防止皮肤接触化学品、油漆、腻子、溶剂、灰尘和颗粒等，根据工作状态、使用的材料、工序环节的不同，应使用不同要求的防护用品。

一次性乳胶手套可用于工件清洁、喷涂底漆和面漆、调和原子灰、刮涂原子灰。一次性乳胶手套如图 2-7 所示。

丁腈橡胶手套具有中等抗溶剂和化学药品性能，以及中等耐磨和耐刺穿能力，适用于清洁、除油、调漆和油漆喷涂。丁腈橡胶手套如图 2-8 所示。

图 2-7　一次性乳胶手套　　　　　　　　图 2-8　丁腈橡胶手套

丁腈化学手套具有强力抗化学药品和溶剂性能，以及强力耐摩擦和耐刺穿能力，是清洗喷枪时最好的保护用品。丁腈化学手套如图 2-9 所示。

普通棉手套可避免灰尘及污垢接触皮肤，且有一定的抗磨能力，适用于腻子手刨打磨、集尘干磨等。普通棉手套如图 2-10 所示。

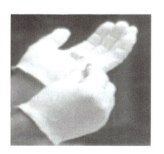

图 2-9　丁腈化学手套　　　　　　　　图 2-10　普通棉手套

喷漆防静电工作服具备清洁、抗静电的作用，可防止产生的静电吸附漆尘或粉尘污染喷涂的漆面。喷漆防静电工作服如图2-11所示。

图2-11 喷漆防静电工作服

注意：1）喷涂底漆或面漆时必须穿喷漆防静电工作服。

2）油漆沾到皮肤上时，先用布擦掉油漆，然后立即用肥皂或专门的洗手膏等清洗，切勿用溶剂清洗。

2.4 脚部的防护

按防护要求在工作中应穿安全鞋，防止掉落的工件、工具等砸伤脚部，同时安全鞋也具有防滑效果，可防止意外滑倒摔伤。安全鞋适合任何时候穿着。安全鞋如图2-12所示。

图2-12 安全鞋

2.5 耳朵的防护

人耳如长时间暴露在85dB（A）以上的噪声下，对听觉是有损害的。隔音耳塞的降噪值有两种国际标准——SNR（Single Number Reduction，单值噪声降低数）和NRR（Noise Reduction Rating，降低噪声评价数），其中SNR是按照国际标准ISO 4869-2检测的单值降噪值，NRR是按照美国标准ANSI S3.19-1974检测的单值降噪值。相比来讲，同一种耳塞的SNR会比NRR高3dB（A）左右。

GB/T 12903—2008《个体防护装备术语》中对NRR的定义是，作业环境噪声的C声级与护耳器佩戴者在该作业环境下暴露噪声的 A 声级之差值，比如 NRR32 可以理解为平均降噪 32dB（A）。

听力受损达到一定程度后就成为不可逆转的损伤，静养也无法恢复，耳塞在正确使用的情况下可以保护佩戴者的听力。

在用工具进行打磨操作时按要求佩戴耳塞或耳罩，可以降低噪声保护耳朵，防止听力损伤。耳朵防护用品如图 2-13 所示。

图 2-13 耳朵防护用品

2.6 安全防护设备

在工作前应根据工作内容做好自身的安全防护，并仔细阅读防护用品的使用说明。合理使用安全防护设备是保护自身健康、防止职业病的必要条件，也是更高效、高质量工作的良好保障。

項目 **3**

喷涂设备与工具

3.1　喷烤漆房

3.1.1　喷烤漆房的工作原理

喷烤漆房是喷涂和烘烤漆的设备。

标准喷烤漆房可喷漆、加温喷漆、烤漆，其加热系统有燃油加热系统、燃气加热系统、红外线烘干系统等多种，其中红外线烘干系统控制方便、升温快、经济环保。喷烤漆房内部如图 3-1 所示。喷烤漆房的外观如图 3-2 所示。

图 3-1　喷烤漆房内部

喷漆时，外部空气经过初级过滤网过滤后由风机送到房顶，在经过顶部过滤网二次过滤净化后进入房内。房内空气采用全下沉式，操作环境风速以 0.2~0.4m/s 的速度向下流动。房内气压不超过 120Pa，使喷漆后的漆雾微粒不能在空气中停留，而是直接通过底部出风口被排出房外。工件周边呈均匀沉降气流。这样不断地循环转换，使喷漆时房内空气清洁度达 98% 以上，且送入的空气具有一定的压力，可在车的四周形成一恒定的气流以去除过量的油漆，从而最大限度地保证喷漆的质量。

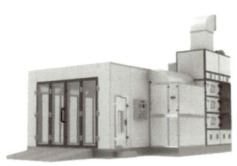

图 3-2　喷烤漆房的外观

烤漆时，将风门调至烤漆位置，热风开始循环，喷烤漆房内温度迅速升高到预定干燥温度（55~60℃）。外部新鲜空气经风机初过滤后，与热交换器发生热交换后被送至喷烤漆房顶部的气室，再经过第二次过滤净化。热风经过内循环，除吸进少量新鲜空气外，绝大部分热空气又被继续加热利用，使得喷烤漆房内温度逐步升高。当温度升高到设定温度时，燃烧器自动停止；当温度下降到设置温度时，风机和燃烧器又自动开启，使喷烤漆房内温度保持相对恒定。最后，当烤漆时间达到设定的时间时，喷烤漆房自动关机，烤漆结束。

汽车生产线使用的油漆属于高温固化型，一般在120～180℃下交联硬化。汽车修理厂一般用低温烤漆，它属于化学固化型，一般在50～70℃下交联硬化，烘烤温度为60～80℃，烘烤时间为10～30min。喷烤漆房的技术参数见表3-1。

表3-1 喷烤漆房的技术参数

气流	内尺寸	外尺寸	加热方式	送排风机	顶灯(4×36W/组)	空载风速/(m/s)
全下沉式	7000mm×4000mm×2800mm	7006mm×5956mm×3400mm	红外	2×5.0kW	8组	0.16～0.25

3.1.2 喷烤漆房净化系统的工作原理

汽车喷烤漆房的排放物应符合GB 16297—1996《大气污染物综合排放标准》和GB 6514—2008《涂装作业安全规程 涂漆工艺安全及共通风净化》的要求。浓度、排放速度和排放高度，随着巴黎气候协议的签署，2018年1月1日起施行的《中华人民共和国环境保护税法》规定，直接向环境排放《环境保护税税目税额表》和《应税污染物和当量值表》规定的大气污染物、水污染物、固体污染物和噪声的企业事业单位和其他生产经营者，需缴纳相应的环境保护税。近年来，各省市根据各地的产业结构和减排方向，明显加大了与VOC（挥发性有机物）排放相关的地方排放标准的制定工作，被视为各地推动VOC减排的主要依据。大气污染物综合排放标准参数对照见表3-2。为了使喷烤漆房的排放符合标准，必须要有净化系统。

表3-2 大气污染物综合排放标准参数对照　　　　　　　（单位：mg/m³）

标准/省市	苯	甲苯	二甲苯	非甲烷总烃	颗粒物
国家二级标准	12	40	70	120	120
上海	1	10	20	30	30
天津	1	10	10	50	30
重庆	1	20	20	120	100
江苏	1	10	10	70	100
河北	1	20	20	50	—
陕西	1	5	15	40	50
广东	1	10	20	70	100

喷烤漆房净化系统一般采用两种过滤方式，一种是干式过滤，另一种是湿式过滤。干式过滤是指用玻璃纤维棉作为第一道过滤层吸附漆污，第二道过滤层用活性炭吸附挥发物——有害气体。湿式过滤是指用水帘与漆雾碰撞混合，部分漆雾会溶入水帘落入水槽，未溶入水帘的漆雾经水帘板底部缝隙进入水洗室，与雾化喷嘴喷出的水雾充分混合后流入水槽，在水槽中定期加入漆雾凝聚剂使之形成漆渣，而气体则从管道排走。市场上使用干式过滤的喷烤漆房较多，其空气循环示意图如图3-3所示。4S店修理厂的场地比较紧张，不太可能采用体积较大的水帘方式。

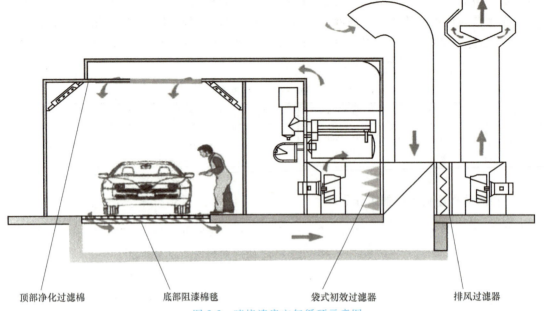

顶部净化过滤棉　　　　底部阻漆棉毯　　　　袋式初效过滤器　　　　排风过滤器

图 3-3　喷烤漆房空气循环示意图

3.1.3　喷烤漆房加热系统的工作原理

板式加热器的工作原理：热能通过热波发送到车身表面并加热，根据最大化传热效率的特定密度，将面板发出的能量最大化地传递到车身表面，利用吸热面板的外观与特殊材料，确保车身表面收获最大限度的热能。喷烤漆房内部的板式加热器及照明设备如图 3-4 所示。

图 3-4　喷烤漆房内部的板式加热器及照明设备

加热器的表面温度只有 120℃，相对于远红外加热的 250℃ 与量子辐射的 400 多摄氏度来说更安全可靠。

油漆固化温度对加热系统的工艺要求见表 3-3。

表 3-3　油漆固化温度对加热系统的工艺要求

序号	工艺要求	序号	工艺要求
1	油漆固化温度为 20~80℃，可调可控	3	满足水性漆水分快速挥发温度控制要求
2	恒温控制精度达到 ±5℃	4	温度控制曲线符合油漆固化温度工艺要求

3.1.4　环保与废气处理设备

1. 工作原理

经粉尘过滤器过滤后的废气进入放置有蜂窝状活性炭的吸附床，为满足生产线连续工作的要求，采取 4 用 1 备共 5 个活性炭吸附床的配置方式。使用一段时间后，某个活性炭吸附床达到饱和，系统自动切换到备用床，并将饱和的吸附床关闭隔离，启动活性炭再生过程，将饱和的活性炭里的有机废气脱附出来，并在催化剂作用下燃烧转化成二氧化碳和水蒸气，再生后的活性炭吸附床作为备用床，等下个吸附床饱和后继续轮换，这样即可保证系统连续运行。具体工作流程就是吸附净化、脱附再生并浓缩VOC和催化燃烧，即将大风量、低浓度的有机废气通过蜂窝状活性炭吸附后达到净化空气的目的，当活性炭吸附饱和后再用热空气脱附使活性炭得到再生，脱附出的浓缩有机物被送往催化燃烧床进行催化燃烧，有机物被氧化成无害的 CO_2 和 H_2O，燃烧后的热废气通过热交换器加热冷空气，热交换后降温的气体部分排放，部分用于蜂窝状活性炭的脱附再生，达到废热利用和节能的目的。

15

废气净化装置如图3-5所示，废气净化原理示意图如图3-6所示。

图 3-5　废气排放净化装置

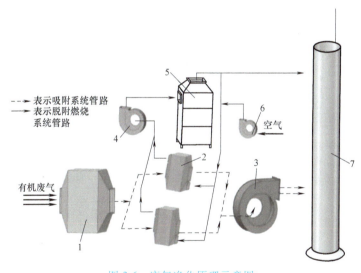

图 3-6　废气净化原理示意图

1—预处理器　2—固定吸附床　3—主风机　4—脱附风机　5—催化燃烧　6—补冷风机　7—烟囱

2. 适用领域

环保与废气处理设备可用于石油石化行业难以回收的VOC的焚烧，以及包装印刷、集装箱、汽车、家具、工程机械等的喷涂废气治理。是目前为止公认最成熟且成本低的一种模式。

3.1.5　喷烤漆房的安全操作规程

（1）杂物清除　特别要清除易燃易爆物，如报纸、天那水（也称香蕉水）、油漆等。
（2）操作培训　操作人员必须经过专业培训，且须是培训合格者。

（3）一机一人　指定专人负责设备操作。

（4）远离运动部件　设备运行或调试时，人员必须远离该部件，以免造成身体伤害；如部件有故障无法排除，请联系设备生产厂。

（5）使用紧急开关　设备异常、拆装、清理时，必须按下紧急开关。

（6）防水处理　对设备进行清洁处理时，要避免将水渗漏至电控箱内或各电气元件里，否则会造成安全事故。

（7）警示标识　进行维修或清洁时，在明显处挂"禁止开机"警示牌。

（8）部件拆装　不得私自拆装产品核心部件，应由专业厂家进行。

（9）设备上锁　下班或长时间离开设备时，应关掉电源，锁上电控箱。

（10）故障排除　通知专业生产厂家处理，不要私自维修。

3.1.6　喷烤漆房的使用注意事项

（1）工作环境　无爆炸危险和明火状态，周围 10m 内禁止吸烟。

（2）杂物清除　特别要清除易燃易爆物，如报纸、天那水、油漆等。

（3）原厂制造　禁止使用其他厂家的配件或私改部件或线路。

（4）现场监控　设备运行期间，操作人员不得远离或长时间离开设备。

（5）承载部件　地格栅为承重部件（可承重 2.5t），花纹板为操作工工位。

（6）室内清洁　地台内部每周清洁一次，墙板每半月清洁一次，如有蚊蝇须及时杀灭。

（7）空载预热　对各核心部件进行预操作，在确保均能正常使用后，方可进入正式使用，以避免对工件造成不良影响。

（8）工件位置　电加热型产品、工件应离发热源 60cm 以上。

（9）滤材寿命　应根据现状定期更换，否则会影响产品使用效果，也可能会带来严重的安全隐患。

3.1.7　喷烤漆房的保养维护

（1）卫生环境　保持喷烤漆房室内清洁，保证进、排风口畅通。

（2）密封性检查　检查房体、大柜、风管等是否密封良好。

（3）风管清理（一年一次）　定期对风管内的污垢和漆渣进行清理，可有效降因风管而产生的安全事故。

（4）保持房体清洁　根据实际的污垢情况，对照明玻璃、墙板等配件进行擦拭使其保持清洁，确保光照度符合工作需要。

（5）紧固检查（3~5 个月一次）　定期对各连接处的螺钉、焊接点等进行检查，确保其紧固度符合要求。

（6）电缆线检查（一年一次以上）　定期检查电缆线的老化情况，特别是线头接驳处，如有老化现象，应立即予以更换。

（7）电控箱检查（一年一次以上）　定期检查电控箱内各电器元件端子的紧固情况，观察其电线是否有老化现象。

（8）仪表仪器检查　随时观察温控表、压力表等各类仪表仪器的显示情况，如发现显示异常，应及时通知专业人员检查维修。

（9）进风口过滤棉检查（60~80h一次）　定期检查其污垢情况，以确认是否需要更换；禁止撤掉不用，否则可能会带来严重的安全和质量事故。

（10）顶部过滤棉检查（400~500h一次）　可根据目测情况，确认其是否需要更换，如长时间不更换，会影响风速和喷漆效果。

（11）地棉及活性炭检查（80~100h一次）　根据实际的污垢情况，确认其是否需要更换，如长时间不更换，会影响风速和喷漆效果。

（12）电动机、风机检查（6个月一次）　检查其运转情况及是否沾有油漆，并对连接处的螺钉、焊接点、电线头等进行检查，确保其紧固度符合要求。

（13）热交换器检查（一年一次以上）　定期检查并清理其内部积油、表面漆渣等，确保其符合安全需要。

（14）燃烧机检查（6~8个月一次）　定期检查并更换柴油滤清器的滤芯、过滤网，确保柴油供给正常。

（15）配件更换　建议采用原厂配件，否则可能会带来额外的安全风险。

（16）照明灯管检查（6个月一次）　定期检查灯管及镇流器或支架头的使用情况，确保照明符合出厂要求。

（17）风门及执行器检查　随时观察其使用是否正常，如发现异常，应及时通知生产厂家维修。

（18）电源关闭　保养维修或配件更换时，都必须关闭总电源开关，否则可能存在安全隐患。

3.2　压缩空气系统的使用与维护

空气压缩机是所有气动工具的动力源，压缩空气是涂装工作中的主要能量介质。目前使用的空气压缩机，根据机械运动的方式可分为两种，一种是往复活塞式空气压缩机，另一种是螺杆式空气压缩机。螺杆式空气压缩机如图3-7所示。

往复活塞式空气压缩机利用活塞的往复运动压缩空气，使压缩空气不断提高压力，产气量中等，压缩机性能随使用时间增长而较快减退，并可能有压缩机机油或油蒸气进入输气管路。往复活塞式空气压缩机有单缸、多缸、低压、高压等多种形式。

图3-7　螺杆式空气压缩机

螺杆式空气压缩机有单螺杆和双螺杆两种。双螺杆式空气压缩机设计上更合理、先进，具有寿命长、噪声低、更加节能等特点。

螺杆式空气压缩机采用高容量压缩组件，其转子外圆速度低而且达到最佳注油，实现了高效率、高可靠性。到2012年为止，厂家的设计都能确保系统温度及压缩空气温度极低，保证所有部件均达到最佳冷却效果及最高使用寿命。

螺杆式空气压缩机通过高效传动系统以适合不同用途的最佳速度驱动压缩组件，正常操作期间完全无须维护，具有免维护、高度可靠和高效率的优点。所有螺杆式空气压缩机均装有智能控制系统，其控制菜单简便易用。

3.2.1 空气压缩机的安全操作规程

1. 起动前的准备工作

1）检查空气压缩机各零件部分是否完好，各保护装置、仪表、阀门、管路及接头是否有损坏或松动。

2）略微打开油气桶底部的排水阀，排出冷却液下部积存的冷凝水和污物，见到有油流出即关上，以防冷却液过早乳化变质。

3）检查油气桶的油位是否在油位计的两条刻度线之间，不足时应补充。注意：加油前应确认系统内无压力。另外，油位应以停机10min后观察的为准，因为运转中的油位较停机时稍低。

4）新机第一次开机或停用较长时间又开机时，应先拆下空气过滤器盖，从进气口加入约0.5L冷却液，以防起动时机内失油烧损。

5）确认系统内无压力。

6）打开排气阀门。

7）检测连接至空气压缩机的电缆电压是否符合厂家要求（360~410V）。要求设备未开机和开机工作后都要检测，有些工厂无负载时电压无异常，有负载后电压会下降，可能导致电动机过载。

2. 起动步骤

1）合上开关。

2）点动检查电动机转向是否正确（加装换相保护装置的除外）。

3）确认手动阀处于"卸载"状态，按下"起动"按钮即正式运转，数秒后，将手动阀拨至"加载"位置，压力逐渐上升至额定压力，而润滑油压力应低于排气压力0.25MPa左右。

4）观察运转是否平稳、声音是否正常、空气对流是否畅通、仪表读数是否正常、是否有泄漏。

3. 运转中的注意事项

1）经常观察各仪表是否正常。

2）经常倾听空气压缩机各部位运转声音是否正常。

3）经常检查有无渗漏现象。

4）在运转中如发现油位计上看不到油位，应立即停机，10min后再观察油位，如不足，待系统内无压力时再补充。

5）经常保持空气压缩机外表及周围场所干净，严禁在空气压缩机上放置任何物件，如工具、抹布、衣物、手套等。

6）如遇特殊情况，先紧急停机再处理。

4. 停机

先将手动阀拨至"卸载"位置，将空气压缩机卸载，10s左右后，再按下"停止"按钮，电动机停止运转，开关打至零位。

5. 紧急停机

当出现下列情况之一时，应紧急停机：

1）出现异常声响或振动。

2）排气压力超过安全阀设定压力而安全阀未打开。

3）排气温度超过 100℃ 时未自动停机。

4）周围发生紧急情况。

紧急停机时，无须先卸载，可直接按下"停止"按钮。

6. 日常保养

1）冷却器定期吹灰（每周至少一次）。

2）每天停机后，拆下空气过滤器吹灰。

3）空气压缩机、冷冻式干燥机、精密过滤器、储气罐放残水。

4）检查空气压缩机周围有无异常跑、冒、滴、漏现象。

5）日常检查各运行参数是否在正常范围内。

3.2.2 压缩空气系统的维护

压缩空气供气系统的供气路径：空气压缩机→储气罐→过滤器→干燥机→过滤器→用气端口。

1）压缩空气管路建议选用内部平滑、不易生锈、不易氧化、不易脱落的管材，所有空气管材须耐压 30bar（1bar=0.1MPa）以上。

2）当车间主管路的总长度在 100~200m 时，为确保压缩空气的压力均衡和空气流量的充足，主管路内径应为 50~75mm，支管路内径不应小于 25mm。

3）压缩空气冷冻干燥设备应设计在设备维护时使用的备用管路，并装有压缩空气球形止回阀。环状闭路主管路在安装时，建议其空气的输入端向管路的最远端倾斜 1~2°，并在主管路的最低端安装一个自动或人工油水排放装置和油水收集容器。

4）压缩空气主管路应尽量避免出现急转弯（内角小于 90°）现象；当主管路固定在天花板上方时应避开天花板横梁以及管路等，还应尽量保持主管路呈直线状态。

5）压缩空气支管路的分支应采用倒 U 形连接方式，以免主管路中的冷凝物进入支管路中。

6）在每个接气动工具的支管路中安装一套与流量匹配的油水分离器，从而确保气动工具、设备的正常操作运转，延长其使用寿命。

7）为确保喷涂质量，喷烤漆房内建议安装压缩空气过滤精度高（过滤精度达 0.01μm）和空气流量大（6bar 压力下空气流量达 3600L/min）的专业喷涂用的油水分离器。当喷涂水性漆时，应特别注意压缩空气的洁净程度。传统的溶剂型油漆可以吸收轻微的油分（油烟雾/油蒸气），但水性漆绝对不能吸收这些。因此，压缩空气内的任何轻微油烟雾或油蒸气残余物都会令水性漆的漆膜产生缺陷（最新的螺杆式空气压缩机也会产生油蒸气）。典型的水性漆漆膜缺陷（例如走珠、鱼眼）只会在喷涂清漆后才表现出来。因此，洁净的压缩空气是完美的喷漆的主要素。例如 SATA 484 型油水分离器中，纤维包裹的活性炭滤芯可吸附细微的油蒸气及残余物。油水分离器如图 3-8 所示。鱼眼缺陷如图 3-9 所示。

汽车车身涂装修复工（初级 中级 高级）

图 3-8 油水分离器

图 3-9 鱼眼缺陷

20

3.3 烤 灯

烤灯用于加快腻子、漆面的固化，以及油漆的干燥。红外线烤灯距离工件表面需要烘烤的部位应为 70~90cm。距离太近易造成加温不均匀，加温过速会出现急干、涂层起泡现象。距离太远会导致加温效率低、时间长，浪费资源。合适的距离是保障优质漆面干燥的条件。红外线烤灯只能干燥照射到的范围。红外线不同波长的干燥范围示意图如图 3-10 所示。

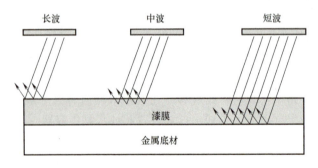

图 3-10 红外线不同波长的干燥范围示意图

3.4 水性漆施工的相关工具与设备

水性漆的喷涂工艺与溶剂性油性漆类似，适用于所有罩清漆的底色漆，包括银粉/珍珠漆、三工序珍珠漆、实色底色漆。其与油性漆最大的区别在于，在每层水性漆之间，以及喷涂清漆前要用吹风枪吹干。在水性漆中，颜料非常均衡地分散悬浮在乳胶树脂中，使用前不需要像油性漆一样使用机械搅拌。

水性漆的主要溶剂是去离子水，所以在水性漆施工过程中中层间须进行干燥，尽可能地使水分干燥挥发掉。干燥水性漆漆面的方式为加温或吹风干燥。做小面积喷涂时可减少喷烤漆房的加热。挥发水分较快的方式就是加速风的流动，因此在喷水性漆的过程中需要洁净的高流速且流速均匀的风。水性漆吹风筒可以快速有效地使水性漆干燥。水性漆吹风筒如图3-11 所示。

图 3-11　水性漆吹风筒

　　吹风筒利用文丘里原理进行工作，除了压缩空气给系统供气外，还从周围环境吸入大量空气。耗气量为 270L/min 时，吹风筒的吹风量约为 3000L/min，可以快速有效地使水性漆干燥。从周围吸入的空气通过一个塑料防尘过滤网进行过滤。为避免粉尘污染漆膜，可以定期更换防尘过滤网。扁扇形风嘴覆盖面积大，吹风量大而均匀。使用吹风筒时可以直接连接压缩空气软管，气压高低可通过内置式气压调节旋钮进行调节。建议的空气压力为 2.5bar。吹风方向必须与喷烤漆房风向一致，吹风距离为 30～80cm。为防止涂膜表面受干扰变形，建议吹风筒距离工件外侧 30cm，且与工件表面成 30°～45°进行吹风干燥。单个吹风筒适合小面积喷涂作业（例如车门、叶子板等），可以节省加热喷烤漆房的成本，也加快了水性漆的干燥速度，缩短了喷漆和干燥漆膜的时间。

　　可移动的吹风筒系统适用于所有喷烤漆房和工作场所。空气源打开后，吹风筒系统可以单独完成工作。吹风筒支架的高度可调节（30～190cm），高度延长杆或超大型支架可以使高度增至 310cm。吹风筒支架的宽度为 130cm，如使用吹风筒支架延长杆，可使宽度增加 70cm。吹风筒朝向可旋转 360°。吹风筒安装位置可任意变换。可移动的吹风筒系统如图 3-12 所示。

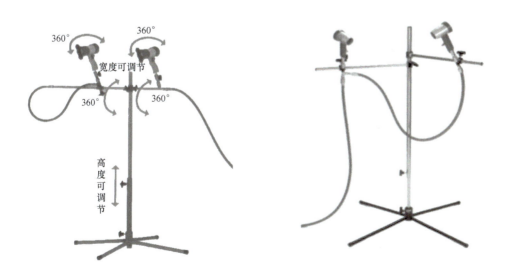

图 3-12　可移动的吹风筒系统

3.5　涂层的检测

3.5.1　表面粗糙度

表面粗糙度等级影响涂层的整体性能，决定着附着力、覆盖范围和涂料使用总量等诸多方面。如果表面粗糙度太高，涂料需求量就会增加，否则凸起的点上没有覆盖到涂料，会产生锈点；如果表面粗糙度太低，就可能无法产生足够的附着力。表面粗糙度的测试方法：将复制带泡沫面嵌入待测表面进行拓印，压出一个永久性的峰顶到谷底的表面铸型，然后使用测量仪测量。电子脉冲式表面粗糙度仪如图 3-13 所示。机械式表面粗糙度仪如图 3-14 所示。

图 3-13　电子脉冲式表面粗糙度仪

图 3-14　机械式表面粗糙度仪

3.5.2　漆膜湿膜厚度

GB/T 13452.2—2008《色漆和清漆　漆膜厚度的测定》中规定了一系列用于测量涂敷至底材上的涂层的测量方法，包括测量湿膜厚度、干膜厚度、未固化粉末涂层厚度及粗糙表面上漆膜厚度的方法。湿膜厚度的机械测定方法：测试仪器的一部分穿过涂层与底材表面接触，仪器的另外一部分则同时与涂层表面接触。湿膜梳规是一种由耐腐蚀材料制成的平板，有一系列齿状物排列在其边缘，平板角落处的基准齿形成一条基线，沿着该基线排列的内齿与基准齿间形成一个累进的间隙系列，且每一个内齿用给定的间隙深度值标示出来。湿膜梳规示例如图 3-15 所示。六角湿膜梳规如图 3-16 所示。

3.5.3　漆膜干膜厚度

油漆涂层干燥后应对涂层质量进行检测，以判断其是否符合标准，QC/T 484—1999《汽车油漆涂层》中规定的涂层质量指标包括涂层厚度、涂层光泽度、硬度、附着力等。

涂层测厚仪主要针对铁基金属板、非铁基金属板及非金属板的涂层厚度进行测量，可以在磁性或非磁性金属（如不锈钢、铝等）等表面测量干膜厚度。基于电磁感应原理的涂层测厚仪用于测量磁性金属（如钢）上的非磁性涂层厚度；基于电涡流原理的涂层测厚仪用于测量非铁基金属板上的非导电涂层厚度。涂层厚度仪如图 3-17 所示。

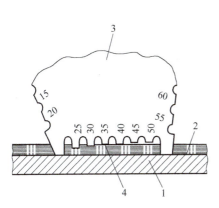

图 3-15 湿膜梳规示例

1—底材 2—涂层 3—湿膜梳规

4—湿接触点

图 3-16 六角湿膜梳规（可测量的
湿膜厚度为 25～3000μm）

声波法中，漆膜厚度根据超声波脉冲穿过涂层的传播时间来测定。基于声学原理的涂层测厚仪适用于所有的漆膜-底材组合。声波法涂层测厚的原理如图 3-18 所示。超声波非金属表面涂层测厚仪如图 3-19 所示。

3.5.4 光泽度

光泽度仪是参照 ISO 2813：2014 和 GB/T 9754—2007 设计制造的光泽度测量仪器。光泽度仪配有管理软件，具有使用方便、性能稳定、测量精准的特点。光泽度仪采用内置锂电池供电。

图 3-17 涂层厚度仪

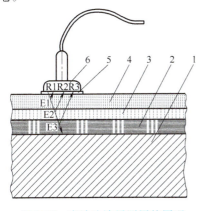

图 3-18 声波法涂层测厚的原理

1—底材 2—涂层 1 3—涂层 2

4—涂层 3 5—耦合剂 6—探头（发送器和接收器）

E—渗透进涂层的脉冲 R—反射脉冲

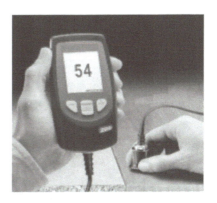

图 3-19 超声波非金属表面涂层测厚仪

光泽度仪适用于多种材料的光泽度测量，包括纸、塑料、油漆、木材或任何其他材料。光泽度仪的测量角度为 20°、60°和 85°，是多角度测量仪器。光泽度仪如图 3-20 所示。

3.5.5 漆膜外观要求

不允许有能识别的补漆痕，不允许有砂纸痕存在，不允许有针孔、流痕存在，不允许有露底、起泡、剥落、碰划伤、水印等缺陷；漆膜颜色应与标准色板一致，不应有目视色差；用色差仪测定，漆膜颜色与标准色板的色差应不大于 1.0，油漆车身颜色与外饰件的色差应不大于 1.5。色差仪如图 3-21 所示。

图 3-20　光泽度仪

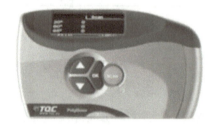

图 3-21　色差仪

色差仪使用光栅分光光谱技术，能达到完美的重复性，能完全满足诸如汽车行业等对测量要求极高的行业的要求。其手持式探头的直径为 25mm，长度为 80mm，质量为 110g。进行小工件测量时，可以一手拿探头，一手拿工件；进行特殊测量时，探头测量孔径可以更小，并配有 V 形测量槽，可以测量诸如细棍或者电缆一类的工件。

涂膜硬度按 GB/T 6739—2006《色漆和清漆　铅笔法测定漆膜硬度》中的规定测定。

漆膜附着力按 GB/T 9286—2021《色漆和清漆　划格试验》中的规定测定。

漆膜耐冲击力按 GB/T 1732—2020《漆膜耐冲击测定法》中的规定测定。

涂层厚度按 QC/T 484—1999《汽车　油漆涂层》中的规定测定。

汽车车身涂装修复工
（初级）

项目 **4**

前 处 理

钣金完毕就要刮涂填充材料，以防止裸金属快速锈蚀。在刮涂原子灰前应使用磷化底漆或环氧底漆来提高防腐性能，增加附着力。原子灰又称为不饱和树脂腻子，是由不饱和树脂、滑石粉、苯乙烯等材料，经搅拌、研磨而成的主体灰，是双组分填平材料，有固化干燥速度快、附着力强、易打磨等优点。腻子是建筑装饰材料的一种，其主要成分是滑石粉和胶水等。腻子与原子灰的区别如下：一个是油性质，一个是水性质；腻子常用于建筑装饰，原子灰用于汽车、机车等方面。

通用性聚酯原子灰用于在金属表面填充小的缺陷、砂纸痕和深的针孔，施工厚度为 2~3mm。

柔性原子灰用于填补针孔或细的砂纸痕，不可以刮涂得太厚，否则柔性太差。其基材一般为塑料表面，施工厚度为 1mm。

硝基原子灰用于修补喷漆底漆后仍存在的小针孔和砂纸痕。因其干燥时间长，所以不能刮涂得太厚，施工厚度为 0.5mm。

玻璃纤维原子灰用于增强或填补面板上的锈蚀孔。铝原子灰具有良好的防锈性能和很高的强度，甚至耐敲击。玻璃纤维原子灰和铝原子灰可以混合使用，施工厚度为 2~3mm。

4.1 打磨与除漆

4.1.1 双动作打磨机、干磨手刨、打磨辅料的选择与使用方法

打磨工具分为手动打磨工具、气动打磨机和电动打磨机。手动打磨工具效率低，工作强度大。电动打磨机与气动打磨机效率高，降低了涂装技工的劳动强度，使用方便。由于涂装车间存在粉尘及油漆的漆雾和易燃的挥发物、稀释剂、溶剂等，使用电动工具容易产生电火花而引起火灾甚至气体爆炸，因此最好使用气动打磨机。

气动打磨机与电动打磨机工作原理相同，且易于操作、质量小、结构简单、节约成本、经久耐用。气动打磨机的动力源是洁净的压缩空气。只要保证正常的压缩空气气压和供气量，就能保证气动打磨机的正常运转和打磨效果。

1. 手刨及手工打磨垫块（见图 4-1~图 4-3）

图 4-1 手动长刨

图 4-2 手动短刨

图 4-3 各种形状的手工打磨垫块

2. 轨道式振动打磨机及其运行轨迹（见图 4-4 和图 4-5）

27

图 4-4 轨道式振动打磨机　　　　图 4-5 轨道式振动
打磨机的运行轨迹

3. 双动作打磨机及其运行轨迹（见图 4-6 和图 4-7）

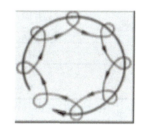

图 4-6 双动作打磨机　　　图 4-7 双动作打磨机的运行轨迹

4. 前处理打磨材料

无尘干磨设备的砂纸安装大多采用尼龙搭扣式，这种结构拆装方便。砂纸采用纤维背衬材料，摩擦粒子采用碳化硅、氧化铝。

砂纸的规格是指一定面积上磨料的颗粒数，号数越高表示砂纸越细。一般湿磨砂纸（水砂纸）的型号为 P40~P2000。一般干磨砂纸的型号为 P40~P2000。各种规格的砂纸如图 4-8 所示。砂纸型号与颗粒细度对照表见表 4-1。

图 4-8 各种规格的砂纸

表 4-1　砂纸型号与颗粒细度对照表

砂纸型号	颗粒细度/μm	砂纸型号	颗粒细度/μm
P80	275~295	P360	46~50
P100	227~247	P380	41~45
P120	190~205	P400	36~40
P150	166~179	P450	35~38
P180	137~147	P500	31~33
P220	109~119	P600	25~29
P240	87~93	P700	22~24
P260	76~83	P800	19~29
P280	65~71	P1000	15~16
P320	54~64	P1200~P1500	15 以下

不同的砂纸型号，其打磨作用也不同，砂纸型号与打磨作用对照表见表 4-2。不同品牌砂纸型号与工作类型对照表见表 4-3。

表 4-2　砂纸型号与打磨作用对照表

脱漆、去除旧漆膜	羽状边打磨、打磨聚酯原子灰	整形，消除砂纸痕	打磨中涂底漆	去除脏点
P60~P80	P80~P240	P240~P320	P320~P500	P800~P2000

表 4-3　不同品牌砂纸型号与工作类型对照

砂纸型号	JIS	#60	#80	#120	#180	#240	#320	#600	#100	#1500	#2000
	ANSI	60	80	120	220	—	240	360	600	—	—
	FEPA	60	80	120	220	—	240	500	1200	—	—
工作类型		去除旧漆膜		打磨羽状边，打磨聚酯原子灰		磨毛	打磨中涂底漆,研磨漆面、漆膜			去除脏点	

湿打磨材料（如碳化硅，多用于湿磨）研磨力度大，寿命短，易造成砂纸痕。碳化硅颗粒晶体和碳化硅打磨材料的打磨痕迹如图 4-9 所示。

a) 碳化硅颗粒晶体　　　　　b) 碳化硅打磨材料的打磨痕迹

图 4-9　碳化硅颗粒晶体和碳化硅打磨材料的打磨痕迹

干打磨材料（如氧化铝）研磨力度小，寿命长，痕迹均匀。氧化铝颗粒晶体和氧化铝打磨材料的打磨痕迹如图 4-10 所示。

三维打磨材料——百洁布如图 4-11 所示。百洁布（也称菜瓜布）是弹性三维结构，磨料颗粒粘接在所有纤维中，这种类型的打磨材料柔性非常好。不同颜色的百洁布代表的颗粒

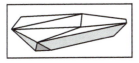

a) 氧化铝颗粒晶体

b) 氧化铝打磨材料的打磨痕迹

图 4-10　氧化铝颗粒晶体和氧化铝打磨材料的打磨痕迹

度也不同：红色材质（氧化铝）相当于 P400 水砂纸；灰色材质（碳化硅）相当于 P600 水砂纸；白色材质（硅藻土）相当于抛光研磨蜡。

百洁布非常柔软，适合打磨板件的边缘和分界部位，可用于干磨以及湿磨。

百洁布的微观结构如图 4-12 所示。

图 4-11　百洁布

4.1.2　去除旧漆膜、打磨羽状边和磨缘的方法

1）使用无尘干磨机（选用偏心距为 5mm 的双动作打磨机）和 P80 砂纸打磨去除部件损伤区域的旧漆膜，打磨至裸露金属，再用 P120 砂纸打磨裸金属外的漆面，打磨出羽状边。打磨完后通过手触摸的方法检查羽状边，确保羽状边符合工艺要求。羽状边的形状应呈圆形或椭圆形，边缘过渡平滑，不可呈锯齿状，以方便下一步原子灰的施工。对于未曾修补过的涂层，羽状边的宽度研磨至 30mm；对于已修补过多次的涂层，每层的羽状边宽度至少研磨至 5mm。

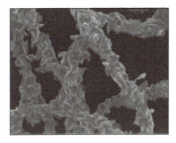

a) 细颗粒

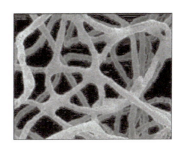

b) 超细颗粒

图 4-12　百洁布的微观结构

打磨羽状边如图 4-13 所示。羽状边示意图如图 4-14 所示。

2）磨缘即研磨羽状边磨毛区。若工件涂层已喷中涂底漆，则选用 P180 砂纸在羽状边外围 7~10cm 的范围内研磨出磨毛区，磨毛区范围的形状要规则。

选用 P180 砂纸的目的是研磨出涂层表面的粗糙面，增强原子灰与涂层之间的附着力。如果砂纸选用得过细，原子灰的附着力会降低，容易脱落；如果砂纸选用得过粗，重新喷涂后会产生明显的砂纸痕。研磨后的效果如图 4-15 所示。

4.1.3　无尘干磨设备的选择与使用方法

在实际研磨作业中，有很多涂层表面的问题是因水而产生的，如起泡、锈蚀、失光、附着力不良、底子印等。如果运用无尘干研磨工艺，作业表面（涂层）因水而产生的各种问

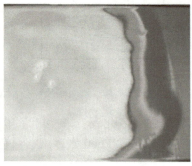

图 4-13　打磨羽状边

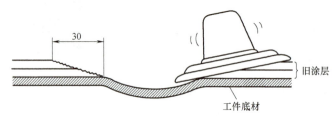

图 4-14　羽状边示意图

题即可避免。无尘干磨设备的种类很多，根据动力源可分为电动、气动和手动，根据打磨头的形状可分为圆形和方形，根据运动动作可分为单动作和双动作，根据运动方式可分为旋转式和振动式。

1. 电动干磨机

电动干磨机由电源驱动，作业现场必须有 220V、50Hz 的电源，且在喷漆车间多水的情况下易短路、安全性能差。电动干磨机的结构较气动干磨机要复杂，常见的问题包

图 4-15　研磨后的效果

括：需要经常更换电刷，转子上的换向器较容易磨损，轴承因灰尘过多容易卡死，使用寿命相对较短。但只要有 220V、50Hz 的电源，电动干磨机就能使用，比较方便。电动干磨机打磨力量充足，打磨效果比较好。电动干磨机如图 4-16 所示。

2. 气动干磨机

气动干磨机由压缩空气驱动，压缩空气需要进行相应的过滤与净化，应干燥、清洁。气压不低于 6bar，单台气动干磨机的耗气量为 340~400L/min。气动干磨机使用现场必须有充足的压缩空气。气动干磨机的运转完全是机械振动，比较安全。气动干磨机结构简单，便于维修保养，常见的问题包括：转子叶片因易磨损而需经常更换，必须保证使用的压缩空气纯净，轴承也会因灰尘过多容易卡死。在压缩空气气量充足、压力正常的情况下，气动干磨机使用比较轻便。其缺点是，若压缩空气气量不足或压力低，打磨速度会变慢，打磨效果不理想。气动干磨机如图 4-17 所示。

移动式无尘干磨系统如图 4-18 所示，其各部件的名称如图 4-19 所示。

图 4-16 电动干磨机

图 4-17 气动干磨机

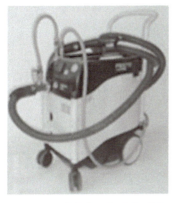

图 4-18 移动式无尘干磨系统

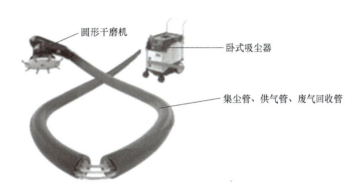

图 4-19 移动式无尘干磨系统各部件的名称

无尘干磨设备有众多品牌，要选择吸尘达标的干磨设备。干磨机采用双动作打磨轨迹，打磨时将干磨机放在羽状边的外围，然后起动干磨机，转速调整要得当，切勿用力下压干磨机，应沿羽状边外围研磨出圆形或椭圆形磨毛区。检查磨毛区，对于研磨不足的区域，继续用红色百洁布研磨；对于有亮点、桔皮的部位，继续用红色百洁布研磨，直至无亮点、无桔皮、呈亚光。同时应避免磨穿损伤区以外的涂层而裸露金属（见图 4-20）。

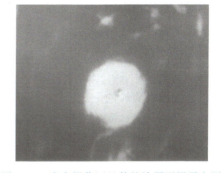

图 4-20 磨穿损伤区以外的涂层而裸露金属

4.2 清洁与遮蔽

4.2.1 清洁与遮蔽材料的选择与使用方法

1. 清洁剂

清洁剂是多种有机溶剂的混合物，能溶解汽车车身表面的美容蜡、硅化物、油脂等污物。清洁剂的挥发速度较慢，清洁剂溶解了污物后，操作者有足够的时间用干净的干布擦干清洁剂。不能用稀释剂或清洗喷枪专用的香蕉水代替清洁剂清洁车身表面。普通的稀释剂溶解力较弱，起不到溶解各种污物的作用。香蕉水中含有苯、甲苯、二甲苯、异戊酯等成分，对人体危害较大，且其杂质较多，对车漆破坏力较强，不适合用于车身清洁。

2. 清洁剂的作用

底材处理是喷漆成功的基本条件，喷漆前应使用合适的清洁剂清洁底材。底材处理后还应清洁每一块车板，因为底材处理是从车身的上部向下部进行的。底材处理不当会导致以下问题：底材表面留存的杂质、污染物（如美容蜡、美容封釉、油污等，或因工件搬运沾有的其他污物）在工件打磨时会被带入砂纸内，有划痕，施工时间长。这些问题都会导致喷涂维修时漆膜附着力差、耐久性差、产生鱼眼等缺陷。因此，在喷涂维修前需用清洁剂除油。

3. 清洁剂的选择

根据涂料厂商提供的涂料使用说明，选择适合当前环境和气温的清洁剂。

清洁剂的主要种类有水基类、溶剂类、醇类和酸类。

喷漆前用醇类清洁剂进行清洁，但塑料件要用水基清洁剂进行清洁。清洁塑料件时，首先用水基清洁剂清洗塑料件，清除水溶性脱模剂，然后用溶剂型清洁剂清除溶剂类脱模剂。

4. 清洁剂、除油剂的使用方法

下面以PPG公司的清洁剂、除油剂为例介绍使用方法：P980-8252为水性清洁剂，先用喷雾罐或擦拭布蘸涂P980-8252，然后用干净的擦拭布擦净，接着用P850-14/1402进一步清洁。如果温度太低，P980-8252会冻结，所以应储存在5℃以上的环境中。

1）P850-14为除油剂，适用于低气温环境及板块修补。

2）P850-1402为除油剂，适用于高气温环境及板块修补，用于喷涂前对底材上污染物的彻底清洁。先用PPG Plus全能擦拭布蘸取除油剂抹在底材表面，然后用另一块全能擦拭布擦掉除油剂及其去除的油脂等残留物。

3）P273-901为清洁液，用于清除油渍、污渍及硅酮物（硅酮物会影响油漆的附着力）等。

清洁普通表面时的配比：P273-901 1份，水4份。

清洁厚油污及硅酮物（硅化物）时的配比：P273-901 1份，水1份。

用法：用刷子、海绵或百洁布蘸清洁液清洗后再用清水清洁，然后干燥表面，接着用除油剂进一步除油。

5. 遮蔽材料的选择与使用方法

遮蔽是为了避免非修理部位喷上油漆。喷涂双色车或在车身上喷涂彩条时也需要遮蔽。

常用的遮蔽材料如下：耐溶剂的蜡纸，耐溶剂的塑料膜，耐溶剂、耐高温的胶带。

耐溶剂的遮蔽材料如图4-21所示。

图4-21 耐溶剂的遮蔽材料

遮蔽纸要干净、无尘，不要折皱、破损，抽纸时胶带与纸张要粘贴合适。遮蔽纸用于遮蔽窗、边角、相邻的板，如图 4-22 所示；遮蔽膜用于大面积遮蔽。

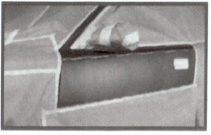

图 4-22　遮蔽纸用于遮蔽窗、边角、相邻的板

33

不要把遮蔽胶带长时间地贴在车上，也不要把胶带放在溶剂或有灰尘的地方，否则胶带会受污染；胶带不能放在地上，以免损坏胶带边缘。

遮蔽纸分配架配置有不同尺寸的遮蔽纸，能快速有效地完成涂装遮蔽工作，避免油漆和溶剂渗透，减少灰尘和纤维的污染，使用方便简易。遮蔽纸架如图 4-23 所示。

非涂装区遮蔽如图 4-24 所示。

图 4-23　遮蔽纸架　　　　　　图 4-24　非涂装区遮蔽

4.2.2　遮蔽方法

所有需要遮蔽的区域都要除油、除尘和除去其他杂质。喷涂时，如果不拆下门的封条、把手等，要用薄胶带贴住，避免产生较厚的油漆边。打磨时，为了保护某些部件，也可以遮蔽它们。部件遮蔽如图 4-25 和图 4-26 所示。

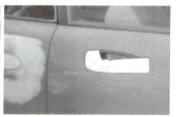

图 4-25　部件遮蔽（一）

折叠胶带可以产生平缓的油漆边，折叠方法如下：50% 胶带宽度贴在接缝边缘，再把胶带反折。折叠遮蔽一般称为反向遮蔽，如图 4-27 所示，可以避免边缘产生"硬边"。反向遮蔽可产生平缓的油漆边，防止产生厚边，特别适合喷涂时尚的流线型汽车的面板时遮蔽接缝部位，也适合用于局部修补。

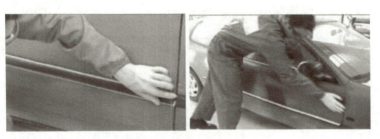

图 4-26 部件遮蔽（二）

34

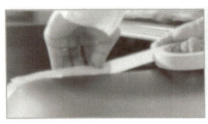  

图 4-27 反向遮蔽

4.3 技能训练

4.3.1 去除旧漆膜和打磨羽状边

1. 训练准备

（1）个人防护用品 喷漆防静电工作服、防尘口罩、常用安全眼镜、普通棉手套。

（2）工件 车门或车门板 1 件。

（3）工具 气泵 1 台，移动式无尘干磨机或中央集尘干磨系统 1 套及配套干磨砂纸、辅料。

2. 训练要求

使用双动作打磨机、干磨手刨及干磨砂纸等打磨辅料去除旧漆膜和打磨羽状边。

3. 基本操作步骤

操作步骤描述：准备→ 砂纸选择→去除旧漆膜→打磨羽状边→磨缘。

（1）准备 按照要求穿戴个人防护用品，如常用安全眼镜、防尘口罩、普通棉手套等。个人防护用品如图 4-28 所示。

 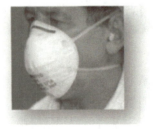 

图 4-28 个人防护用品

（2）砂纸选择　打磨、去除旧漆膜时，宜选用 P80 砂纸打磨损伤区。P80 砂纸比较适合去除旧漆，作业前先标记损伤区，再选用双动作打磨机（5 号或 7 号磨机）安装 P80 砂纸进行打磨、除漆。也可使用干磨手刨安装 P180 长条砂纸进行打磨、除漆。根据损伤区面积去除损伤区旧漆，打磨到露出裸金属，如图 4-29~图 4-31 所示。

图 4-29　工具准备　　　　　　　　　图 4-30　去除损伤区旧漆膜

图 4-31　打磨到露出裸金属

（3）去除旧漆膜　去除旧漆膜时，应根据板件表面涂层的厚度及工件的材质选择合适型号的砂纸：板件表面是完整的原厂漆层时，可选用 P80 砂纸；板件表面只有电泳底漆时，可选用 P120 砂纸；板件表面已经过修补喷涂时，可选用 P60 砂纸；板件或工件材质为镀锌钢板时，可选用 P80 砂纸；板件材质为铝及铝合金时，应选用 P120 砂纸；工件材质为塑料、玻璃钢时，应选用 P150 干磨砂纸，否则产生的砂纸痕很难清除。本次选用的板件为钢制底材，表面已有电泳底漆，可选用 P80 或 P120 砂纸打磨去除旧漆膜，如图 4-32 所示。

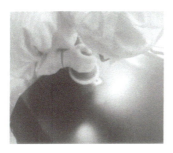
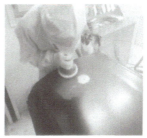

图 4-32　去除旧漆膜

涂层表面砂纸痕示意图如图 4-33 所示，表面的凹槽表示砂纸太粗打磨出的砂纸痕迹。

（4）打磨羽状边　使用无尘干磨机（选用偏心距为 5mm 的双动作打磨机）和 P120 砂纸打磨裸金属外的漆面，打磨出羽状边。打磨完后通过手触摸的方法检查羽状边，确保羽状边符合工艺要求。羽状边的形状应呈圆形或椭圆形，边缘过渡平滑，不可呈锯齿状，以方便下一步原子灰的施工。对于未曾修补过的涂层，羽状边的宽度打磨至 3mm；对于已修补过多次的涂层，每层的羽状边宽度至少打磨至 5mm。

（5）磨缘　若工件涂层已喷中涂底漆，则选用 P180 砂纸在羽状边外围 7~10cm 的范围内研磨出磨毛区，磨毛区范围的形状要规则。

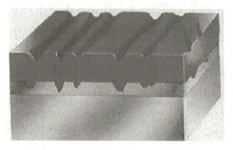

图 4-33　涂层表面砂纸痕示意图

36

选用 P180 砂纸的目的是研磨出涂层表面的粗糙面，增强原子灰与涂层之间的附着力。如果砂纸选用得过细，原子灰的附着力会降低，容易脱落；如果砂纸选用得过粗，重新喷涂后会产生明显的砂纸痕。

4.3.2　清洁工件表面

1. 训练准备
（1）个人防护用品　喷漆防静电工作服、丁腈橡胶手套、活性炭口罩、通用安全眼镜。
（2）工件　车门或车门板 1 件。
（3）工具　清洁剂及辅料。

2. 训练要求
使用清洁剂、除油剂清洁工件表面。

3. 基本操作步骤
操作步骤描述：准备→去除粉尘→用浸润清洁剂的擦拭布清洁工件表面。
（1）准备　按照要求穿戴个人防护用品。
（2）去除粉尘　先用清洁布擦干净粉尘，再用吸尘器吸尘。
（3）研磨区清洁除油　更换活性炭口罩、丁腈橡胶手套，准备两块干净的清洁布，先用一块清洁布均匀浸湿清洁液擦拭板件表面，再用另一块干燥的清洁布同时快速擦干板件表面。也可以使用耐溶剂的塑料喷壶将清洁液均匀喷洒到工件表面，然后快速地用干清洁布擦干工件表面。

本次清洁只对需施涂环氧底漆和原子灰的位置进行清洁、除油，其他区域可不做清洁。清洁除油如图 4-34 所示。

4.3.3　喷涂前遮蔽

1. 训练准备
（1）个人防护用品　喷漆防静电工作服、防尘口罩、常用安全眼镜、一次性乳胶手套。
（2）工件　车门或车门板 1 件。
（3）工具　遮蔽纸及辅料。

2. 训练要求
使用遮蔽纸遮蔽工件喷涂区之外的表面。

3. 基本操作步骤
操作步骤描述：准备→选择遮蔽纸→根据遮蔽区域裁剪遮蔽纸→遮蔽非喷涂区域。

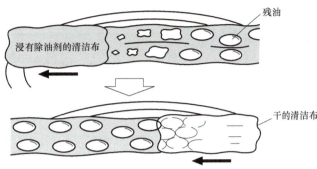

图 4-34　清洁除油

（1）准备　按照要求穿戴个人防护用品。

（2）选择遮蔽纸　由于板件需要遮蔽区域的面积较小，因此选用 300mm 宽的遮蔽纸就能够满足遮蔽要求。

（3）根据遮蔽区域裁剪遮蔽纸　遮蔽纸的裁剪长度可根据板件需要遮蔽区域的长度确定。

（4）遮蔽非喷涂区域　所有需要遮蔽的区域都要除油、除尘和除去其他杂质。遮蔽喷涂区域边缘时，可使用反向遮蔽，以避免边缘产生"硬边"。反向遮蔽如图 4-35 所示。折叠遮蔽技术可产生平缓的油漆边，

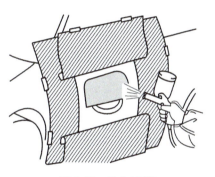

图 4-35　反向遮蔽

防止因产生厚边而出现明显的台阶，不给后续打磨增加工作量，特别适合喷涂时尚的流线型汽车的面板时使用。刮涂原子灰前需遮蔽刮涂区域边缘时，无须反向遮护，可直接粘贴遮蔽。

项目 **5**

损伤面的施涂与整平

5.1　环氧底漆的调配与施涂方法

1. 磷化底漆

磷化底漆可为各种金属表面提供极佳的防腐蚀和黏附能力。双组分中涂底漆可覆盖在其表面之上。磷化底漆适用于底材正确处理过的铝、铁、镀锡铁、锌、镀锌铁、聚酯原子灰和原厂漆膜表面。

注意： 切勿在磷化底漆表面直接施喷面漆，也不要将磷化底漆喷涂在热塑性丙烯酸面漆之上。

2. 无铬环氧底漆

无铬环氧底漆适用于裸钢板、镀锌板、玻璃钢、铝材、热固性丙烯酸和原子灰表面。在金属表面施涂无铬环氧底漆可提高金属的防腐能力，同时为腻子、中涂底漆提供更好的附着力。无铬环氧底漆的混合比例为 4∶1∶1，温度较高时少量增加稀释剂可以延长混合后使用时间。其混合后使用时间一般为 1~2h。无铬环氧底漆干燥迅速，可喷涂 1~2 层，涂层的单层厚度为 15~20μm。

以 PPG 公司的 P565-895 超快干无铬环氧底漆为例，涂抹环氧底漆及调配比例如图 5-1 所示。

P565-895超快干无铬环氧底漆的调配比例

环氧底漆	固化剂	稀释剂
P565-895	P210-938/939/8430/842	P850-2K
4份	1份	1份

图 5-1　涂抹环氧底漆及调配比例

环氧底漆主要以改性环氧树脂作为主要成膜物，利用活性稀释增韧剂实现无溶剂化。其涂层有良好的粘接力，以及优异的化学稳定性和机械性能。环氧底漆可刷涂、喷涂、涂抹。涂抹完毕，用红外线烤灯烘烤，烤灯与工件之间保持 70~90cm 的距离。烤灯温度设定为 50℃，烘烤时间为 5~10min。

5.2　平面、外弧面刮涂原子灰

5.2.1　原子灰知识

原子灰是一种高分子材料，由主体灰（基灰）和固化剂两部分组成，主体灰的成分多是不饱和聚酯树脂和填料，固化剂的成分一般是引发剂和增塑剂，可起到引发聚合、增强性能的作用。

不饱和聚酯树脂是主体，在发生聚合后快速成型固化，黏附在物体表面。填料里往往还加入苯乙烯等稀释剂和其他改性材料，以提高整体性能。原子灰具有能够在物质表面黏附并快速成型的性质，特别适合用于底材表面。

（1）特点　与传统腻子（如桐油腻子、过氯乙烯腻子、醇酸腻子等）相比，原子灰具有灰质细腻、易刮涂、易填平、易打磨、干燥速度快、附着力强、硬度高、不易划伤、柔韧性好、耐热、不易开裂起泡、施工周期短等优点，在各行业中原子灰几乎都取代了其他腻子。

（2）种类　根据不同行业的不同性能要求，原子灰可分为汽车修补原子灰、制造厂专用原子灰、家具原子灰、钣金原子灰（合金原子灰）、耐高温原子灰、导静电原子灰、红灰（填眼灰）、细刮原子灰、焊缝原子灰等。

（3）用途　原子灰主要用于对底材凹坑、针孔、缩孔、裂纹和小焊缝等缺陷的填平与修饰，在施涂面漆前使底材表面平整、平滑。原子灰广泛应用于火车制造、轮船制造、客车制造、工程机械制造、机床机械设备制造、汽车修补，以及家具、模具、混凝土类建筑物、金属制品、木制品、玻璃钢制品等的填平修补。

（4）原子灰的选用　选用原子灰时，首先要仔细阅读说明，再检查原子灰的生产日期是否过期，以及与底材是否匹配。

（5）原子灰的施工

1）本次使用的是聚酯原子灰，应使用专用开罐器打开密封的原子灰罐盖，不要使用刮刀或原子灰铲刀，以免刮刀或铲刀变形，同时也会损坏原子灰罐盖，影响原子灰罐的密封。

2）用搅拌杆搅拌原子灰，使原子灰中的溶剂、树脂、填料充分混合均匀，防止原子灰的填料沉淀（即上部的原子灰过稀，下部的原子灰过稠，下部的无法使用，造成浪费）。

3）充分混合固化剂，使固化剂中的主剂和副剂混合均匀。搅拌主剂、混合固化剂如图5-2 所示。

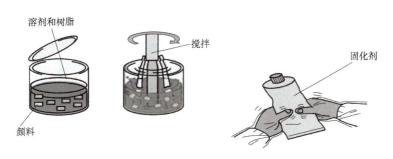

图 5-2　搅拌主剂、混合固化剂

4）按比例混合聚酯原子灰。取适量的原子灰，按比例加入固化剂。原子灰预固化剂调配如图 5-3 所示。

1∶3% 的比例：原子灰 100g，固化剂 3g（约 15mm 长），适合 5~15℃。

1∶2% 的比例：原子灰 100g，固化剂 2g（约 10mm 长），适合 15~20℃。

1∶2% 的比例：原子灰 100g，固化剂 2g（约 5mm 长），适合 20℃以上，且应在 4~5min

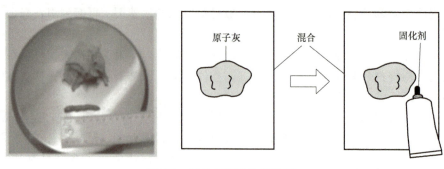

图 5-3　原子灰预固化剂调配

内刮涂完。

注意：1）加入固化剂时，不能将固化剂直接挤在取出的原子灰上。

2）调和速度要快。初学者可以在调和板上进行操作，以提高熟练程度。按比例取原子灰与固化剂如图 5-4 所示。

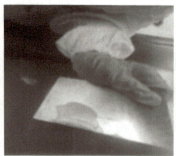

图 5-4　按比例取原子灰与固化剂

3）混合聚酯原子灰如图 5-5 所示。

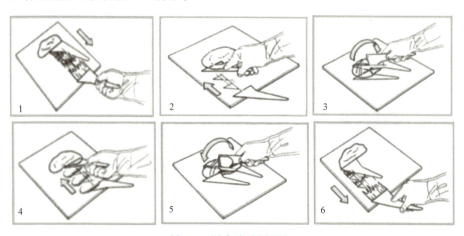

图 5-5　混合聚酯原子灰

在平板上混合原子灰和固化剂时，应用力刮压挤出空气泡，以防产生砂眼。混合完成如图 5-6 所示。

原子灰与固化剂完全混合均匀后，原子灰颜色应均匀一致。

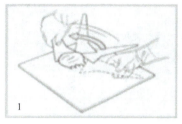  

图 5-6　混合完成

固化剂加入过量会导致出现针孔、固化不良打磨性能差、附着力减弱、底材生锈、干燥速度慢、吸收涂覆的油漆、面漆褪色。

产生针孔或砂眼的原因：在原子灰干燥过程中内部产生了过量的气泡。

产生气泡的原因：在原子灰与固化剂的搅拌调和过程中混入了空气；过量的固化剂所含的过氧化物质释放出氧气。

底材生锈的原因：固化剂内含有过氧化苯酰，它是一种氧化剂，如果固化剂过量，在原子灰与金属表面之间的潮湿环境中很容易造成金属氧化生锈。

面漆褪色的原因：固化剂内含有过氧化苯酰，它具有漂白作用，固化剂若过量，多余的过氧化苯酰会透过底漆渗透到表面，将面漆颜料漂白，造成面漆褪色。如果使用的是硝基底漆，硝基稀释剂会提高过氧化苯酰的活性，加速其渗透过程。

固化不良打磨性能差的原因：原子灰的固化剂加入太多会导致固化不良，打磨时粘砂纸。

上述缺陷的预防措施：参照说明正确调兑原子灰。

若渗色已经发生，应打磨去除表面油漆并重新施涂，情况严重时可能要去除原来的原子灰重新修补。

5.2.2　平面、外弧面的原子灰刮涂方法

1. 刮涂第一层原子灰

1）使用钢板刮刀或者塑料刮板、橡胶刮板等工具，将调和好的原子灰均匀地刮涂在损伤部位，将凹陷的部位填平。刮涂原子灰如图 5-7 所示。

2）将剩余的原子灰丢弃在防爆垃圾桶内，并清理刮刀，如图 5-8 所示。

图 5-7　刮涂原子灰　　　　　　图 5-8　清理刮刀

3）使用红外线烤灯烘烤已刮涂原子灰的损伤区域。烘烤原子灰如图5-9所示。

设定温度过低，干燥时间延长；设定温度过高，原子灰和固化剂干燥过快，会导致原子灰过度收缩，易使原子灰脱落或开裂。

注意：应根据损伤范围的大小，确定原子灰的用量，然后取适量的原子灰对损伤区域刮涂修补。若所取原子灰量太大，用不完会造成浪费且污染环境。

图5-9 烘烤原子灰

知识点与技巧：施涂原子灰的方法

1）拿刮刀的手法如图5-10所示，即采用右手握刮刀的有效握法。

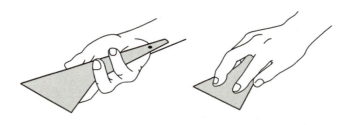

图5-10 拿刮刀的手法

2）原子灰的基本施工方法。开始刮涂时手要拿稳刮刀，取适量原子灰放于靠近刮刀刃的中间位置，将刮刀刃紧贴在需要刮涂的损伤区，刮刀开始与损伤板件接近垂直，准备刮涂时刮刀与板件损伤区平面形成的角度随着刮刀的刮涂移动慢慢变小，且需要多次刮涂。原子灰的基本施工方法如图5-11所示。

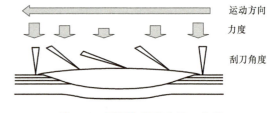

运动方向
力度
刮刀角度

图5-11 原子灰的基本施工方法

3）在平面上薄刮第一层原子灰时，旧涂层羽状边范围内应刮涂完整，原子灰与裸金属及旧涂层羽状边紧密结合。刮涂力度要大，以防止原子灰中留有气泡。不要一次性施工大量原子灰，应考虑使用区域的形状，最好刮涂多遍。

第一遍时，几乎直立握刮刀，在工作表面刮一个薄涂层，确保原子灰渗入表面最小的刮痕和孔中，以提高结合力。

第二和第三遍时，倾斜刮刀至35°~45°，刮上比所需略多的原子灰。

每刮一遍，逐渐扩大区域，边缘要刮薄，并形成平缓的坡度。注意：边缘不能过厚。

最后一遍时，手握刮刀将工作表面刮平，刮刀几乎与工件表面平行。刮刀与板件的状态如图5-12所示。第一层原子灰的薄刮涂层如图5-13所示。

为了减少后续的打磨量，在刮涂第二层时不要有厚边缘，用食指在刮刀的顶部加力，使原子灰顶部边缘较薄。薄刮边缘如图5-14所示。

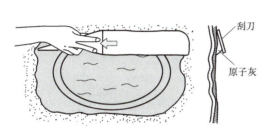

图 5-12 刮刀与板件的状态

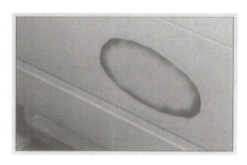

图 5-13 第一层原子灰的薄刮涂层

2. 刮涂第二层原子灰

1）原子灰干燥后，在第一层的基础上，第二层原子灰的刮涂范围稍大于第一层。刮涂第二层原子灰如图 5-15 所示。

43

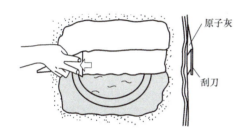

图 5-14 薄刮边缘

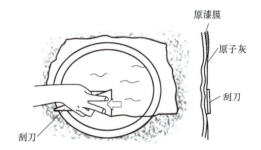

图 5-15 刮涂第二层原子灰

2）第二层原子灰的边缘要与第一层原子灰的边缘相距 3~5cm。第二层原子灰的刮涂范围在磨毛区内，不要超出磨毛区。第二层原子灰的刮涂范围如图 5-16 所示。

图 5-16 第二层原子灰的刮涂范围

3）原子灰边缘部位应较薄，以便于打磨过渡。第二层原子灰的表面应高于工件平面，这是因为在原子灰干燥过程中由于溶剂的挥发原子灰会收缩，也是为了确保打磨损伤区后原子灰表面与工件表面的平整度一致。原子灰正面示意图如图 5-17 所示。

提示：如果刮刀只有一个移动方向，原子

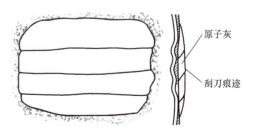

图 5-17 原子灰正面示意图

灰中心的高点会变，这会导致后续很难打磨，所以在最后一遍时刮刀应该反向移动把高点刮回中心。原子灰侧面示意图如图 5-18 所示。

原子灰高点在中心　　　　　　　　　　原子灰高点不在中心

图 5-18　原子灰侧面示意图

原子灰表面应该比原表面高，但最好只略高一点，因为如果太高，打磨时要费很多时间去除多余的材料。第二层原子灰刮涂完毕如图 5-19 所示。

图 5-19　第二层原子灰刮涂完毕

注意：原子灰必须刮涂在已打磨的羽状边范围内，如果没有打磨，原子灰的附着力会很差，会导致最后剥落。

如果刮原子灰前放置时间太长，原子灰在刮涂完成以前已经开始固化，固化的原子灰不能再用，只能重新调配一份。刮刀使用后，应立即用清洁的溶剂清洁；如果原子灰干在上面，则刮刀不能再继续使用，应清洁后再使用。

如果工作后立即把原子灰放入垃圾箱，因固化时原子灰放热，可能会点燃其他易燃物。因此，应在原子灰足够冷却后，严格按照垃圾分类标准，丢弃至垃圾箱。

3. 烘干原子灰

刚刮好的原子灰会很热，又因为固化反应放热，这又会加速固化反应，所以通常刮好后过 20~30min 再打磨。低温或高湿度会减慢内部反应，导致固化时间延长。为加速固化反应，需额外加热，一般使用红外线烤灯或干燥器进行加热。

如果底漆和面漆计划使用红外线干燥，在原子灰干燥时也应该使用。烘烤可以减少原子灰出现的气包，可以防止进行到面漆阶段的油漆出现缺陷。

注意：使用红外线烤灯烘烤刮涂原子灰完毕的损伤区域。

1）如果使用红外线烤灯和干燥器加热、干燥原子灰，应确保原子灰温度低于 50℃（122°F），以防止它分离或开裂。

2）如果表面热得烫手，则表示温度太高了。另外，薄的区域比厚的区域温度会低一些。

3）薄的区域其固化反应速度会降低，因此检查薄的区域即可了解原子灰的固化情况。

5.3　干磨原子灰的方法

1）更换个人防护用品。打磨过程中不接触溶剂，主要使用无尘干磨机和手刨对损伤表面的原子灰进行施工磨平，打磨过程中主要是粉尘污染，因此应更换为防粉尘的防尘口罩，穿戴棉纱手套、耳塞、护目镜、工作服、工作帽、安全鞋。个人安全防护如图 5-20 所示。

2）为干燥后的原子灰涂抹炭粉指示剂，如图 5-21 所示。

原子灰干燥后，先检查原子灰的干燥程度，用手指在原子灰的边缘轻触一下，检查原子灰是否沾手，不沾手即可，或者用 P400 砂纸在原子灰边缘轻轻打磨一下，不粘砂纸并且打磨出发白说明原子灰完全干燥，可以进行打磨操作。如果原子灰未完全干燥，打磨时会粘砂纸，造成砂纸用量过大，浪费砂纸且工作效率不高，因此不能进行打磨。

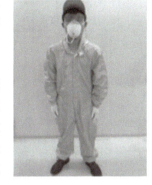

图 5-20　个人安全防护

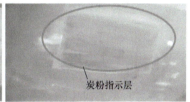

炭粉指示层　　　　　炭粉指示层

图 5-21　涂抹炭粉指示剂

在需要打磨的部位喷涂或擦涂一层与打磨部位颜色不一样且比较薄的炭粉指示剂，可使打磨后的高低点比较容易被看到，即指示层颜色被磨掉的部位为高点，未被磨掉的部位为低点。这样比较容易观察打磨区域的打磨程度。

3）选择适合当前原子灰损伤范围大小的打磨工具。可用于打磨原子灰损伤区域的打磨工具有手刨、砂纸打磨垫板、双动作打磨机、轨道式打磨机。对于小面积损伤的原子灰的打磨，选择大小合适的手刨更容易控制打磨范围和打磨效果；对于大面积的损伤，使用双动作打磨机或轨道式打磨机可以降低劳动强度，比手刨打磨效率更高。

选择 P80 砂纸打磨损伤面的原子灰。用 P80 砂纸打磨时只需将原子灰表面初步磨平，打磨范围不要超出原子灰刮涂区域，以防止打磨到旧涂层而留下较粗的砂纸痕。如果刮涂的原子灰较平整，可以省略用 P80 砂纸打磨。

打磨原子灰时，还应根据工件的形状或弧度确定好打磨方向和打磨角度。手工打磨时，应沿手刨的长度方向且顺着工件的流线型弧度水平方向做来回往复运动，来回往复的幅度在不超出原子灰范围的情况下应尽量长一些，这样既可使打磨的平整度较好，又可防止打磨过度造成凹坑。使用打磨机打磨时应采用多角度打磨，且最好采用无尘打磨机，如图 5-22 所示。

4）更换砂纸。使用 P80 砂纸打磨原子灰表面的高点，打磨到需打磨的约 60% 就要停止打磨更换砂纸，这样既可使打磨的平整度较好，又可防止打磨过度造成凹坑。砂纸从粗到细

多角度打磨示意图

图 5-22　使用打磨机打磨

的更换顺序依次为 P80、P120、P180、P240、P320。更换砂纸如图 5-23 所示。

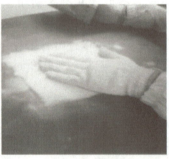

图 5-23　更换砂纸

注意： 干磨时由于原子灰表面较粗糙，为了能清晰展现打磨程度，可通过喷涂打磨指示层或涂抹打磨指示层的方法判断打磨程度。

打磨过程中要不断通过观察和用手触摸原子灰的平整度、打磨质量，判断打磨的原子灰表面是否有台阶、高低点等。可采用多方向、多角度触摸检查平整度，如图 5-24 所示。

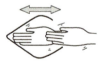

多方向、多角度触摸　　　　不容易感觉　　　　容易感觉

图 5-24　采用多方向、多角度触摸检查平整度

当原子灰打磨到要求的平整度时，再使用偏心距为 3mm 的双动作打磨机（更换 P320 砂纸），从原子灰边缘向周围扩展打磨，如图 5-25 所示。第一折边区边缘、筋线、使用双动作打磨机不易打磨的凹陷等部位，可使用红色百洁布手工打磨。第一折边区外的区域也使用红色百洁布手工打磨。打磨的目的：打磨旧涂层表面的氧化膜，使旧涂层表面形成粗糙面，增加新涂层与旧涂层的附着力。

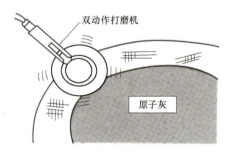

图 5-25　从原子灰边缘向周围扩展打磨

5.4　技 能 训 练

5.4.1　调配环氧底漆

1. 训练准备

（1）个人防护用品　喷漆防静电工作服、防尘口罩、常用安全眼镜、普通棉手套。

（2）原料　环氧底漆、固化剂、稀释剂。

（3）工具　电子秤、底漆容器、调漆比例尺、纸漏斗。

2. 训练要求

能独立完成环氧底漆的调配。

3. 基本操作步骤

操作步骤描述：检查板件→确定环氧底漆用量→在容器中加入环氧底漆→按比例加入固化剂→按比例加入稀释剂。

1）根据板件损伤区域大小确定底漆的用量，避免浪费。损伤区域如图 5-26 所示。

2）将准备好的底漆容器放在电子秤上，将电子秤设置为去皮归零，称量底漆用量。以 PPG 公司的 P565-895 超快干无铬环氧底漆为例，其调配如图 5-27 所示。本次调配总量按约 50g 计算，其中环氧底漆 33.33g，固化剂 8.33g，稀释剂 8.33g，使用调漆比例尺搅拌匀已添加好固化剂、稀释剂的环氧底漆。

图 5-26　损伤区域

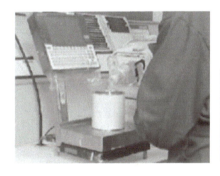

P565-895超快干无铬环氧底漆的调配比例

环氧底漆	固化剂	稀释剂
P565-895	P210-938/939/8430/842	P850-2K
4份	1份	1份

图 5-27　P565-895 超快干无铬环氧底漆的调配

5.4.2　金属面施涂环氧底漆

1. 训练准备

（1）个人防护用品　丁腈橡胶手套、活性炭口罩、护目镜、安全鞋。

（2）工件　已打磨好的门板。

（3）工具　清洁布、除油清洁剂。

2. 训练要求

能在金属面施涂环氧底漆。

47

3. 基本操作步骤

操作步骤描述：检查板件→清洁板件→施涂环氧底漆。

（1）检查板件　仔细检查板件打磨区域有无漏磨或打磨不彻底现象，羽状边是否过渡圆滑均匀，如图 5-28 所示。

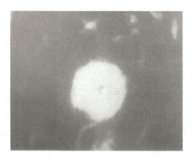

图 5-28　检查板件

（2）清洁板件

1）先用清洁布擦干净粉尘，再用吸尘器吸尘。

2）研磨区清洁除油。更换活性炭口罩、丁腈橡胶手套，准备两块干净的清洁布，先用一块清洁布均匀浸湿清洁液擦拭板件表面，再用另一块干燥的清洁布同时快速擦干板件表面。也可以使用耐溶剂的塑料喷壶将清洁液均匀喷洒到工件表面，然后快速地用干清洁布擦干工件表面。

本次清洁只对需施涂环氧底漆和原子灰的位置进行清洁，其他区域可不做清洁。

（3）施涂环氧底漆　环氧底漆混合后应在 1~2h 内使用。环氧底漆干燥迅速，可喷涂 1~2 层，涂层的单层厚度为 15~20μm。

环氧底漆可刷涂、喷涂、涂抹，本次采用涂抹法，更节省时间、节约材料。用清洁布蘸取环氧底漆，在裸金属部位薄涂一层环氧底漆，不宜涂得过厚，以免延长干燥时间。由于所处理面积较小，若用喷涂法会造成浪费，因为会增加洗喷枪的环节。涂抹环氧底漆如图 5-29 所示。

图 5-29　涂抹环氧底漆

5.4.3　平面、外弧面的原子灰刮涂

1. 训练准备

（1）个人防护用品　喷漆防静电工作服、活性炭口罩、常用安全眼镜、橡胶手套。

（2）工件　门板、原子灰、固化剂。

（3）工具　腻子刮刀、橡胶刮板、塑料刮板、原子灰调和板。

2. 训练要求

能完成平面、外弧面的原子灰刮涂。

3. 基本操作步骤

操作步骤描述：准备→检查原子灰→确定原子灰用量→调配原子灰→按比例加入固化剂→刮涂原子灰。

（1）准备　按照刮涂原子灰的要求穿戴个人防护用品。按照 5.2.1 的相关规范，正确

取用、调配原子灰。

（2）刮涂第一层原子灰　具体步骤参考 5.2.2 相关内容，此处不再赘述。

（3）刮涂第二层原子灰　具体步骤参考 5.2.2 相关内容。

5.4.4　打磨原子灰

1. 训练准备

（1）个人防护用品　工作服、防尘口罩、普通棉手套、耳塞、护目镜、工作帽、安全鞋。

（2）工件　门板。

（3）工具　干磨机、干磨砂纸、手刨、炭粉指示剂。

2. 训练要求

完成原子灰打磨。

3. 基本操作步骤

操作步骤描述：准备→检查原子灰的干燥程度→涂炭粉指示剂→选择打磨工具→选择砂纸→打磨原子灰。

根据 5.3 所述内容完成原子灰的打磨。

49

项目 6

漆 面 抛 光

漆面喷涂完成且干燥后，难免会有尘点颗粒、桔皮、轻微流挂、划痕等小缺陷，在喷涂时因遮蔽不严飞落在旧漆面的漆尘颗粒等，以及新旧漆膜的过渡区域，需要进行漆面抛光才能使漆面更加光亮平滑。另外，旧漆面长期受阳光、风沙雨雪等环境的侵蚀影响，只靠简单的清洗无法恢复漆膜的光亮度和平滑度，因此只能靠抛光工序的处理才能消除漆面的缺陷，达到原有的光彩和靓丽。修补后抛光是为了去除漆膜上的颗粒和不规整的物体，使漆膜更加平整、光滑。

6.1 抛光前打磨流程

尘粒、漆雾、流挂是油漆喷涂或修补后最常见的漆膜缺陷。漆膜流挂如图 6-1 所示。

当漆面经烘烤固化冷却后，应先找出表面缺陷。首先要对损坏部位进行检查，如果漆膜缺陷明显可以通过去除不超过 12μm 的漆膜进行修理，那么就可以通过抛光来处理或恢复漆膜状态。如果除去漆膜的厚度超过 12μm 才能彻底消除漆膜损坏或缺陷，就必须重喷以保证漆面的耐久性。

图 6-1 漆膜流挂

抛光前打磨流程如下：

（1）清洗板件或整车 用去污力强的漆面清洗剂清洗板件或整车，并应避免颗粒灰尘在研磨中造成新划痕。

（2）水砂纸打磨 对于涂层表面的粗粒、细微砂纸痕、流痕等缺陷，可以用小打磨垫块蘸肥皂水磨去尘粒和流挂物。此方法适用于色浆、清漆和纯色面漆。在抛光前先用 P1000～P1200 水砂纸蘸水包于小橡胶衬块内，将缺陷处轻轻打磨至平整（注意不能磨穿漆层），再用偏心距为 3mm 的打磨机干打磨或湿打磨尘粒和流挂物，也可以使用 P1500 或 P2000 砂纸手工打磨或机器湿打磨去除缺陷，如图 6-2 所示。

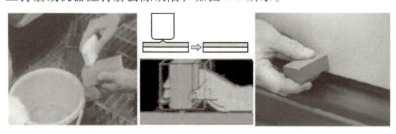

图 6-2 打磨去除缺陷

（3）粗、细研磨 先采用研磨机（电动或气动）加上粗研磨蜡，对水砂纸的痕迹进行粗磨，再加上细研磨蜡进行细研磨。

6.2 抛 光

经过打磨后，选用合适的抛光机，配合抛光剂，对打磨后的车身进行细致抛光。研磨蜡和抛光剂用于油漆工序的最后一道精致修饰。

研磨蜡的作用：消除桔皮，恢复光泽；消除尘粒和划痕等缺陷，如图 6-3 所示。

抛光剂的作用：消除表面"云雾"和非常细微的划痕，使表面平整、光滑，产生滴水不沾、纤尘不染的感觉。

图 6-3 消除尘粒和划痕等缺陷

（1）抛光 采用机械抛光机，加上镜面处理剂，抛去粗研磨蜡留下的旋印，达到漆膜镜面抛光的效果。

（2）手工上光 抛光结束后，擦净抛光剂，立即用棉纱蘸取上光剂把抛光部位全部擦一遍，再用干棉纱擦净多余的上光剂，使漆面光亮似镜。

注意：不要把车板边角抛伤，所以应使用合适的抛光轮——羊毛轮或海绵轮（适用于双组分或原厂漆）。抛光轮必须保持干净，防止沾污和擦伤漆膜。抛光机的海绵轮保持与漆面相切，角度要小于 30°，同时保持转速、力度适中，按一定的顺序进行抛光。

6.2.1 抛光工艺流程

1）安全防护。穿戴防静电工作服、安全鞋、防尘口罩、护目镜、耳塞、手套等。

2）检查需打磨漆面的缺陷部位，如图 6-4 所示。

3）检查抛光垫是否清洁。车身或板件一定要干净、干燥。抛光机有电动和气动两种（见图 6-5a、b），抛光时一定要选择合适的抛光机。抛光机的转速可调，抛光时应以最佳转速（1200 ～ 2100r/min）沿圆形轨迹进行抛光，如图 6-5c 所示。

4）在海绵轮上或车漆表面涂布抛光材料，如图 6-6 所示。

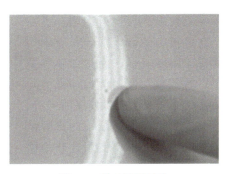

图 6-4 检查漆面缺陷

51

a) 电动抛光机　　　　　b) 气动抛光机　　　　　c) 抛光机的运行轨迹

图 6-5　抛光机

5）抛光开始时，先使用较低的转速和较低的压力，可避免抛光剂因高速旋转飞溅出去。将抛光剂在板面涂布均匀后，再将抛光机的速度逐渐调高，并且保持移动，避免金属过热变形和漆面灼伤。抛光机先慢速运转，然后逐步加速至 1500～2100r/min。不停移动抛光机，并保持转速、力度适中，按一定的顺序进行抛光。抛光如图 6-7 所示。

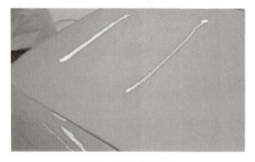

图 6-6　抛光材料　　　　　　　　图 6-7　抛光

6）抛光结束后洗去剩余的抛光剂，防止沾污和划伤漆面。使用清水洗净板件表面检查抛光质量，擦干车身后再检查，必要时手工抛光消除瑕疵。

7）除去遮蔽材料，使用清水清洗，最后擦干车身。

6.2.2　抛光相关知识

抛光机的抛光轮分为羊毛轮和海绵轮，如图 6-8 所示。

羊毛轮最适合高效磨削，消除 P1200 或更细的砂纸痕。海绵轮用于消除 P1500～P2000 的砂纸痕和羊毛轮的螺旋痕。使用抛光剂可消除漆面上的粗抛光痕迹，使漆面光滑、闪亮，并可消除所有细微的研磨痕迹。新的漆膜上不要使用含硅的抛光剂。

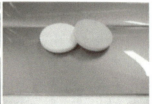

a) 羊毛轮　　　　　　b) 海绵轮

图 6-8　抛光轮

手工抛光用于消除抛光机留下的螺旋痕，一般使用柔软的布、厚绒毛巾或柔软的抛光垫。手工抛光如图 6-9 所示。

使用小型抛光机有助于消除螺旋痕，即使用小型海绵轮慢速抛光。小型抛光机如图 6-10 所示。

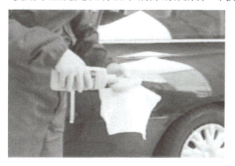

图 6-9　手工抛光

图 6-10　小型抛光机

漆面产生抛光螺旋痕的原因：

1）漆膜没有完全固化就开始研磨、抛光。

2）抛光机的压力或转速太高。

3）使用太粗的研磨蜡或氨类研磨蜡。

4）使用不合适的抛光剂。

5）使用硬的或脏的抛光布。

抛光螺旋痕的预防措施：待漆膜完全固化后再研磨、抛光；机器抛光时压力要最小，转速要适当；研磨蜡和抛光剂的型号和规格要正确；抛光布一定要柔软、干净。

抛光剂制造厂会提供抛光的系列产品，品种多样，以满足用户的各种需要。

1）粗抛光剂：适用于中等大小的桔皮，小的流挂和脏点。

2）中粗抛光剂：适用于小桔皮、小脏点、粗漩涡状痕迹、漆雾。

3）细抛光剂：适用于漩涡状痕迹、漆雾、轻度氧化。

4）上光剂：增加光泽。

6.3　技 能 训 练

6.3.1　抛光前打磨

1. 训练准备

（1）个人防护用品　防护工作服、防尘口罩、普通棉手套、耳塞、护目镜、工作帽、安全鞋。

（2）工件　已喷涂清漆的车门或车门板 1 件。

（3）工具　干磨砂纸及辅料、中央集尘干磨系统或带吸尘装置的干磨机。

2. 训练要求

能使用打磨垫、打磨机及砂纸等打磨辅料完成抛光前打磨，能使用抛光机、抛光盘及抛光剂去除浅色面漆的斑点、桔皮等缺陷。

3. 基本操作步骤

操作步骤描述：穿戴个人防护用品→检查板件表面→遮蔽非抛光区域→打磨。

（1）穿戴个人防护用品　按要求穿戴防护工作服、防尘口罩、普通棉手套、耳塞、工作帽等。

（2）检查板件表面　检查板件表面有无流挂，桔皮、尘点、细小的划痕等缺陷。

（3）遮蔽非抛光区域　根据非抛光区域的面积选择合适的遮蔽纸，遮蔽抛光区域外的非抛光区域。

（4）打磨　对于涂层表面的粗粒、细微砂纸痕、流痕等缺陷，可以用小打磨垫块蘸肥皂水磨去尘粒和流挂物。此方法适用于色浆、清漆和纯色面漆。在抛光前先用 P1000～P1200 水砂纸蘸水包于小橡胶衬块内，将缺陷处轻轻打磨至平整（注意不能磨穿漆层），再用偏心距为 3mm 的打磨机干打磨或湿打磨尘粒和流挂物，也可以使用 P1500 或 P2000 砂纸手工打磨或机器湿打磨去除缺陷。

6.3.2　抛光

1. 训练准备

（1）个人防护用品　防静电工作服、防尘口罩、普通棉手套、耳塞、护目镜、工作帽、安全鞋。

（2）工件　车门或车门板 1 件。

（3）工具　抛光机、羊毛轮、海绵轮、抛光剂。

2. 训练要求

能使用抛光机及抛光剂去除浅色面漆的脏点、桔皮等缺陷。

3. 基本操作步骤

操作步骤描述：准备→检查工件→遮蔽非抛光区域→抛光→抛光后检查。

根据 6.2.1 所述内容完成抛光。应选用圆形抛光机（见图 6-11），不得选用角形研磨机。

按 5S（整理、整顿、清扫、清洁、素养）管理，清洁、整理工具、工位。

图 6-11　圆形抛光机

4. 考评

汽车喷漆项目车漆修复评分表见表 6-1。

表 6-1　汽车喷漆项目车漆修复评分表

考生号			开始时间		完工时间	得分	
顺序	内容	序号	要求			标准分	扣分
一	准备工作（2分）	1	检查首饰等饰品、口罩、围裙的穿戴			2分	
二	漆面清洁（3分）	1	粘土去污			3分	
三	水砂纸处理（15分）	1	正确使用 均匀程度 划痕去除			15分	
四	研磨操作、抛光操作（65分）	1	水斑、飞漆			5分	
		2	砂纸痕			10分	
		3	桔皮			10分	
		4	表面划痕			10分	
		5	旋纹虚光			8分	

（续）

顺序	内 容	序号	要 求	标准分	扣分
四	研磨操作、抛光操作（65）	6	抛漏底漆	8分	
		7	漆面整体光泽度（参考亮度仪）	6分	
		8	过度修复（参考磨厚测试仪）	8分	
五	安全与管理（15分）	1	安全操作，避免操作不当带来损伤或隐患	10分	
		2	场地清理，工具归位	5分	
裁判员签名			实际扣分 分		

模 拟 试 卷

汽车车身涂装修复工（初级）理论知识试题（考试时间 90 分钟）

一、判断题：判断对错，对的打"√"，错的打"×"（30 道题，每题 1 分，共 30 分）

1. 为了防止汽车维修过程中产生的有害气体排入大气，调试车间内应设置汽车尾气收集净化装置。 （　）

2. 轿车车身组甲等级为低级装饰性涂层。 （　）

3. 当汽车因为碰撞要进行修理时，要同时修复防腐层。 （　）

4. 影响车身壳体锈蚀速度的因素是酸雨、工业大气、空气压力。 （　）

5. 钣金作业可恢复车身原来的形状，为喷刮涂料奠定良好的基础。 （　）

6. 汽车上使用的塑料只有热固性塑料。 （　）

7. 在涂层结构中，底涂层涂料的选择与车身的材料无关。 （　）

8. 镀锌板的表面已进行过钝化或磷化处理，涂装时不用再喷涂底漆。 （　）

9. 工业大气通常是指被化学物质的气体污染的空气。 （　）

10. 中涂底漆或防腐底漆受到紫外线的作用容易因老化而剥落。 （　）

11. 涂层质量的好坏与被涂表面无关，只取决于涂料本身质量和施工的质量。 （　）

12. 车身涂层的底漆种类按使用的先后划分为头道底漆、二道底漆及封闭底漆。 （　）

13. 固化剂是一种具有催化作用的化合物。 （　）

14. 底漆和面漆的配套性对质量和施工是非常重要的。 （　）

15. 涂装过程中出现的涂装缺陷与涂料的调制质量无关。 （　）

16. 催干剂的加入量越多越好。 （　）

17. 只要选择好涂料，影响修补质量的因素就是施工场地的温度。 （　）

18. 有些颜料与某种溶剂接触，会出现渗色现象，这种现象不可避免。 （　）

19. 汽车修理行业中使用最广泛的喷枪品种是吸力式和重力式。 （　）

20. 逆时针旋转喷枪的针塞调节螺钉，可增加涂料喷出量。 （　）

21. 喷涂前对喷雾的测试非常重要。 （　）

22. 使用喷枪喷涂时，每一层的喷涂幅度与上一层的喷涂幅度必须重叠 1/2～3/4。

（　）

23. 汽车修补涂料一般适宜用涂-4杯来测量。　　　　　　　　　　　（　　）

24. 供气系统工作完毕后要放掉储气罐、油水分离器及气压调节器中的冷却水。（　　）

25. 涂料和稀释剂均有一定毒性，故作业时必须佩戴防护用品。　　　　（　　）

26. 涂料调配时，应远离高温物体。　　　　　　　　　　　　　　　（　　）

27. 有些含铅质颜料毒性很大，不适宜喷涂，只宜刷涂。　　　　　　（　　）

28. 废水处理标准分为三级。通过三级处理，废水可达到地面水、工业用水的水质标准。
　　　　　　　　　　　　　　　　　　　　　　　　　　　　（　　）

29. 小面积维修喷涂产生的废气可以直接排放至大气中。　　　　　　（　　）

30. 打磨腻子时，若没有有机溶剂产生，可以不必佩戴面罩，也不需要排气设备。
　　　　　　　　　　　　　　　　　　　　　　　　　　　　（　　）

二、单选题：题中只有一个答案是正确的（40道题，每题1分，共40分）

1. 社会主义职业道德的核心是（　　　）。

A. 吃苦耐劳　　　　　　　　B. 诚实守信　　　　　　　C. 为人民服务

2. 国际标准化组织的缩写是（　　　）。

A. ISO　　　　　　　　　　B. ICO　　　　　　　　　C. IMO

3. 行业标准 QC/T 484—1999《汽车 油漆涂层》中规定油漆涂层分（　　　）。

A. 8个组　　　　　　　　　B. 10个组　　　　　　　　C. 12个组

4. 车身表面严重腐蚀的钣金件和涂层需要采用的修复方法是（　　　）。

A. 重作涂层　　　　　　　　B. 去除旧涂层并涂新　　　C. 维修或更换

5. 轿车车身的底漆层厚度不应低于（　　　）。

A. 20μm　　　　　　　　　B. 40μm　　　　　　　　C. 50μm

6. 使用4年的涂层，允许失光率不大于（　　　）。

A. 10%　　　　　　　　　　B. 20%　　　　　　　　　C. 30%

7. 车身漆膜外观的光泽不应低于（　　　）。

A. 85%　　　　　　　　　　B. 88%　　　　　　　　　C. 90%

8. 构件组中底涂层的厚度不应低于（　　　）。

A. 10μm　　　　　　　　　B. 15μm　　　　　　　　C. 40μm

9. 汽车钣金构件的主要材料是（　　　）。

A. 薄钢板　　　　　　　　　B. 特殊钢板　　　　　　　C. 厚钢板

10. 沿海地区的金属腐蚀速度和内陆干燥地区相比（　　　）。

A. 要快　　　　　　　　　　B. 要慢　　　　　　　　　C. 一样

11. 车身涂装形成的涂膜，其主要作用是（　　　）。

A. 防尘　　　　　　　　　　B. 防腐　　　　　　　　　C. 防水

12. 下列对金属的腐蚀影响最大的物质是（　　　）。

A. 二氧化碳　　　　　　　　B. 酸雨　　　　　　　　　C. 水

13. 金属表面的涂层保护中，经济而有效的覆盖层是（　　　）。

A. 化学表面覆盖层　　　　　B. 涂料覆盖层　　　　　　C. 金属覆盖层

14. 酸雨通常会损害漆膜的（　　　）。

A. 表面硬度　　　　　　　　B. 色素成分　　　　　　　C. 附着力

15. 在汽车涂装中采用最广泛的涂层保护手段是（　　）。

A. 金属保护层　　　　　　　B. 涂料保护层　　　　　　　C. 非金属保护层

16. 硝基涂料和热塑性丙烯酸涂料是典型的（　　）。

A. 氧化干燥型涂料　　　　　B. 交联反应型涂料　　　　　C. 溶剂挥发型涂料

17. 涂料的基本组成有树脂、溶剂、颜料和（　　）。

A. 稀释剂　　　　　　　　　B. 固化剂　　　　　　　　　C. 助剂

18. 下列树脂中，粘接力最强的是（　　）。

A. 丙烯酸树脂　　　　　　　B. 环氧树脂　　　　　　　　C. 醇酸树脂

19. 下列不属于底漆作用的是（　　）。

A. 防腐并增加附着力　　　　B. 装饰　　　　　　　　　　C. 保护基体

20. 含有异氰酸酯的是（　　）。

A. 稀释剂　　　　　　　　　B. 除油剂　　　　　　　　　C. 固化剂

21. 热固性树脂的性能比热塑性树脂性能（　　）。

A. 差　　　　　　　　　　　B. 好　　　　　　　　　　　C. 一样

22. 一般来说，汽车涂料的"三防"性能是指（　　）。

A. 防湿热、防老化、防霉菌

B. 防失光、防失色、防粉化

C. 防湿热、防盐雾、防霉菌

23. 聚氨酯涂料具有最卓越的（　　）。

A. 附着力　　　　　　　　　B. 耐热性　　　　　　　　　C. 耐磨性

24. 中涂漆应要求与底漆、腻子、面漆（　　）。

A. 同属单组成分类　　　　　B. 配套良好　　　　　　　　C. 不必配套

25. 常用的固化剂有环氧固化剂、聚酯固化剂和（　　）。

A. 丙烯酸固化剂　　　　　　B. 酚醛固化剂　　　　　　　C. 聚氨酯固化剂

26. 下列关于面漆的作用，叙述不正确的是（　　）。

A. 填充作用　　　　　　　　B. 装饰作用　　　　　　　　C. 保护作用

27. 环氧树脂的收缩性较小，其收缩率小于（　　）。

A. 4%　　　　　　　　　　　B. 3%　　　　　　　　　　　C. 2%

28. 下列关于汽车车身腐蚀的叙述，正确的是（　　）。

A. 只是局部锈蚀不重要

B. 锈蚀会影响到乘客安全

C. 锈蚀只发生在涂层脱落后

29. 在涂料中，属于挥发性物质的是（　　）。

A. 树脂　　　　　　　　　　B. 溶剂　　　　　　　　　　C. 颜料

30. 下列不属于固化后环氧树脂性能表现的是（　　）。

A. 黏合力强　　　　　　　　B. 机械强度高　　　　　　　C. 收缩性大

31. 显影层涂料的主要特点是（　　）。

A. 有很好的附着力

B. 能显现被涂物面上的缺陷

C. 防止旧涂层颜色渗出

32. 为了降低涂料与底材之间的表面张力，使涂料与底材有良好的润湿性，需加入（　　）。

A. 增塑剂　　　　　　　　B. 流平剂　　　　　　　　C. 固化剂

33. 汽车底层漆中，适合黑色金属表面优先选用的是（　　）。

A. 环氧底漆　　　　　　　B. 醇酸底漆　　　　　　　C. 脂胶底漆

34. 二道浆的颜色一般是（　　）。

A. 灰色　　　　　　　　　B. 白色　　　　　　　　　C. 蓝色

35. 不能用红丹作为防锈颜料的金属是（　　）。

A. 钢　　　　　　　　　　B. 铝　　　　　　　　　　C. 铁

36. 最易发生"潮湿发白"的季节是（　　）。

A. 夏季　　　　　　　　　B. 冬季　　　　　　　　　C. 秋季

37. 树脂的溶解度和溶剂的溶解力决定了涂料的（　　）。

A. 流平性　　　　　　　　B. 初始黏度　　　　　　　C. 挥发速度

38. 国家标准规定：成膜物质分为（　　）。

A. 15 类　　　　　　　　　B. 16 类　　　　　　　　　C. 17 类

39. 一般树脂都具有的性质是可熔化和溶解于（　　）。

A. 有机溶剂　　　　　　　B. 水　　　　　　　　　　C. 酸

40. 树脂在涂料中作为主要（　　）。

A. 溶剂　　　　　　　　　B. 助剂　　　　　　　　　C. 成膜物质

三、多选题：题中有多个答案是正确的（20 道题，每题 1.5 分，共 30 分）

1. 下列属于《全国机动车维修行业行为规范公约》的内容有（　　）。

A. 弘扬职业道德、建设精神文明　　　　B. 规范操作、保证质量

C. 文明生产、保护环境　　　　　　　　D. 尊老爱幼、热情待人

2. 机动车维修过程中存在的环境污染物有（　　）。

A. 旧机油　　　B. 废旧汽车配件　　　C. 旧蓄电池　　　D. 旧空调制冷剂

3. 汽车是集中多个行业最新成果的产品，其涉及的行业有（　　）。

A. 材料　　　B. 电子　　　C. 机械　　　D. 化工

4. 金属腐蚀主要分为（　　）。

A. 化学腐蚀　　B. 物理腐蚀　　　C. 电化学腐蚀　　　D. 磨损腐蚀

5. 金属防腐中涂层保护的种类有（　　）。

A. 金属保护层　　B. 非金属保护层　　C. 涂料保护层　　D. 机械保护层

6. 制备涂料选择溶剂时，从性能上要考虑（　　）。

A. 溶解力　　B. 挥发性　　　C. 毒性　　　D. 气味大

7. 丙烯酸树脂涂料的特点有（　　）。

A. 无色　　　B. 透明　　　C. 耐热、耐寒　　　D. 高温下不泛黄

8. 下列关于环氧树脂涂料性能及应用的描述，正确的有（　　）。

A. 常用在面漆中　　　　　　　　B. 良好的耐化学品性能

C. 极好的附着力　　　　　　　　D. 良好的耐候性

9. 下列关于催干剂的叙述，正确的有 （   ）。

A. 催化干性漆膜的吸氧、聚合作用 B. 缩短施工时间

C. 性能优劣取决于对油溶解性的好坏 D. 抵消抗氧化性

10. 影响漆膜干燥时间的主要因素有 （   ）。

A. 空气流量和流速 B. 溶剂类型

C. 底材类型 D. 底材表面温度

11. 下列关于固化剂的叙述，正确的有 （   ）。

A. 有催化作用 B. 能与合成树脂发生化学反应

C. 种类越来越多 D. 用于可烘烤成膜的涂料中

12. 下列属于红色颜料的有 （   ）。

A. 镉红 B. 银朱 C. 铁红 D. 铝粉

13. 下列属于白色颜料的有 （   ）。

A. 钛白 B. 锌钡白 C. 氧化锌 D. 炭黑

14. 颜料的作用有 （   ）。

A. 使涂层具有一定的遮盖能力 B. 增加色彩和保护装饰功能

C. 掩盖基材上的缺陷 D. 吸收紫外线

15. 为改进钛白粉的抗粉化和减少黄变性，通常采用的处理材料有 （   ）。

A. 氧化铝 B. 硅酸盐 C. 氧化锌 D. 铝粉

16. 下列属于氧化铁颜料的有 （   ）。

A. 土红 B. 黄土 C. 棕土 D. 氧化铁黄

17. 中涂底漆应具有的特性为 （   ）。

A. 耐磨性 B. 填充性 C. 封闭性 D. 配套性

18. 涂料中的树脂应具有的性能为 （   ）。

A. 色彩 B. 光泽 C. 形成涂膜 D. 耐久

19. 下列关于汽车用漆的要求，叙述正确的有 （   ）。

A. 耐候性和耐腐蚀性好 B. 配套性和施工性好

C. 适合于各种交通工具 D. 机械强度好

20. 下列属于汽车用中间层涂料的有 （   ）。

A. 通用底漆 B. 腻子 C. 二道浆 D. 封底漆

汽车车身涂装修复工（初级）理论知识试题答案

一、判断题

1. √ 2. × 3. √ 4. √ 5. √ 6. × 7. × 8. × 9. √ 10. √ 11. × 12. √ 13. √
14. √ 15. × 16. × 17. × 18. × 19. √ 20. √ 21. √ 22. √ 23. √ 24. √ 25. √
26. √ 27. √ 28. √ 29. × 30. ×

二、单选题

1. C 2. A 3. B 4. C 5. A 6. C 7. C 8. B 9. A 10. A 11. B 12. B
13. B 14. B 15. B 16. C 17. C 18. B 19. B 20. C 21. B 22. C 23. C 24. B
25. C 26. A 27. C 28. B 29. B 30. C 31. B 32. B 33. A 34. A 35. B 36. A

37. B 38. B 39. A 40. C

三、多选题

1. ABC 2. ABCD 3. ABCD 4. AC 5. ABC 6. ABCD 7. ABCD 8. BC 9. ABC

10. ABD 11. ABC 12. ABC 13. ABC 14. ABCD 15. ABC 16. ABCD 17. ABC

18. BCD 19. AB 20. ABCD

6.3.4 技能考评：中涂底漆前打磨、做底效果

底层处理的每道工序可采用以下实操考评表进行考评：初级工操作技能考核评分表——中涂底漆前打磨评分表见表 6-2，初级工操作技能考核评分表——做底效果评分表见表 6-3。

表 6-2 初级工操作技能考核评分表——中涂底漆前打磨评分表

测 量 分 评 分 表

项目名称　<u>汽车涂装</u>　　　　　　　　　　　　考评日　<u>　　　　</u>

　　　　　<u>车门皮原子灰施工</u>　　　　　　　　选手号　<u>　　　　</u>

子配分说明　<u>中涂底漆前打磨（打磨工位评分）</u>　　子模块号　<u>　　　　</u>

评分细则编号	最大分值	评分细则描述	规定或标称值	结果或实际值	实际得分
M1	10	全程穿戴防护眼镜、耳塞、安全鞋和工作服；除油、刮涂原子灰时佩戴防毒面具和耐溶剂手套；打磨时佩戴防尘口罩和棉纱手套；清洗刮刀时戴厚防溶剂手套；错误 1 次扣 1 分 小面积快速（3min 内）补充打磨时戴乳胶手套，短时间摘除手套检查，短时间摘除眼镜擦干净眼镜或检查工件，均不计为错误			
M2	5	施工前采用喷涂法或擦湿法清洁除油；是否除尘不评分			
M3	15	使用偏心距小于 5mm 打磨头除漆及打磨羽状边，扣 1 分 最终应使用 P120 或 P180 砂纸打磨羽状边（使用 P240 砂纸并非打磨羽状边，而是用于扩大打磨，不扣分），错误扣 3 分 损伤部位旧漆膜，每 1mm（测量最长边）未去除扣 1 分；羽状边打磨后过渡平滑，无台阶，每 1cm 不合格扣 1 分；羽状边范围四周 4 个区间，1 个区间损伤点到羽状边不足 3cm 扣 1 分 刮涂第一遍原子灰之前清洁除油，错误扣 1 分			
M4	10	原子灰四周 4 个区间，每个区间刮涂范围超出砂纸打磨范围扣 2 分；1 个区间未收光扣 2 分			
M5	10	使用偏心距小于 5mm 的打磨头打磨原子灰，扣 1 分；从未使用打磨指示层，扣 2 分；打磨原子灰时因原子灰未充分干燥，粘砂纸而导致更换同型号砂纸，或打磨清理砂纸，每张砂纸扣 1 分 工件除尘清洁操作，没有用打磨机配百洁布吸尘或者用清洁布擦除灰尘后吹尘，导致吹起大量灰尘污染工作环境，每次扣 1.5 分			

（续）

评分细则 编号	最大 分值	评分细则描述	规定或 标称值	结果或 实际值	实际得分
M6	40	打磨范围内,正面 3 个角度均可见桔皮(1 类桔皮),每 1cm(最长边)扣 1 分 磨穿至金属(原子灰周边及外侧裸露金属不扣分,未露金属的磨穿不扣分,2cm 以下磨穿不扣分),正面及第一折边每 1cm(正面按最长边)扣 1 分 第一折边,每 1cm 粗糙(最长边)扣 1 分 瑕疵未磨除(包括残留原子灰)或瑕疵磨出的羽状边不规范等(因电泳底漆起泡等缺陷,打磨后露出的点状瑕疵不计):单独点状,每点扣 1 分,片状或划痕,每 1cm(最长边)扣 1 分 申请评分时,工件表面有明显的灰尘、炭粉残留,每 5cm×5cm 扣 1 分 每次使用完及时将产品包装盖盖好,每次未盖或不及时扣 1 分 砂纸、百洁布等可继续使用的耗材放置于指定回收位置,错误扣 1 分 非严重错误:物料包装罐、打磨头、手刨摔落地面但未损坏,扣 5 分 严重错误:物料包装罐、打磨头、手刨摔落地面,导致除油剂溢出,打磨头、手刨等工具损坏,扣 10 分			
M7	10	采用喷涂法或擦湿法清洁除油			
	100	子模块分值		实际得分	

表 6-3　初级工操作技能考核评分表——做底效果评分表

测 量 分 评 分 表

项目名称　汽车喷漆 _____　　考评日 _____

　　　　　车门皮原子灰施工 _____　　选手号 _____

子配分说明　做底效果 _____　　子模块号 _____

评分细则 编号	最大 分值	权重 分值	评分细则描述	专家评分			实际 得分
				1	2	3	
J1	100	50	没有做底造成的凹凸不平、原子灰印、手指打磨印痕、底漆硬边印痕、砂眼、咬底等缺陷				
		0	正面明显可见做底缺陷,无法交车				
		10	正面缺陷不明显,但两个侧面>45°角度均较明显(参考判断尺度:2s 内即可看出),无法交车				
		20	1 个侧面>30°角度,可容易看出缺陷				
		30	30°以下角度,变化角度可看出缺陷				

（续）

评分细则编号	最大分值	权重分值	评分细则描述	专家评分			实际得分
				1	2	3	
J1	100	40	30°以下角度较难看出缺陷（判断尺度：在告知位置情况下仍较难看出，认为完全可以接受）				
		50	完全看不出所有做底处理痕迹				
		100	子模块分值		实际得分		

汽车车身涂装修复工（中级）

复杂表面的施涂与整平

7.1 复杂表面刮涂原子灰的方法

以工件表面较复杂的赛欧翼子板为例。赛欧翼子板如图 7-1 所示。

板件表面是完整的原厂涂层时，可选用 P80 砂纸；板件表面为电泳底漆时，可选用 P120 砂纸；板件表面已经过修补喷涂时，可选用 P60 砂纸；板件或工件材质为镀锌钢板时，可选用 P80 砂纸；板件材质为铝及铝合金时，应选用 P120 砂纸；工件材质为塑料、玻璃钢时，应选用 P150 干磨砂纸，否则产生的砂纸痕很难清除；板件为钢制底材，且表面已有电泳底漆时，可选用 P80 或 P120 砂纸。本次板件表面已经过修补喷涂，可选用 P60 或 P80 砂纸打磨除旧漆。先标记损伤区，选用偏心距为 5mm 的双动作打磨机和 P80 砂纸，根据损伤区域面积去除损伤区旧漆，打磨到露出裸金属，再用 P120 砂纸打磨裸金属外的漆面，打磨出羽状边。打磨完后通过手触摸的方法检查羽状边，确保羽状边符合工艺要求。羽状边的形状应呈圆形或椭圆形，边缘过渡平滑，不可呈锯齿状，以方便下一步原子灰的施工。对于未曾修补过的涂层，羽状边的宽度打磨至 3mm；对于已修补过多次的涂层，每层羽状边的宽度至少打磨至 5mm。打磨羽状边如图 7-2 所示。

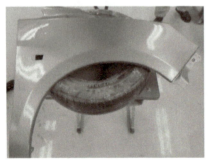

图 7-1　赛欧翼子板

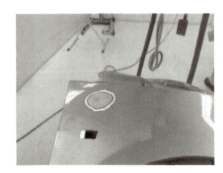

图 7-2　打磨羽状边

在金属表面施涂环氧底漆可提高金属的防腐能力，同时为腻子、中涂底漆提供更好的附着力。环氧底漆干燥迅速，可喷涂 1~2 层，涂层的单层厚度为 15~20μm。环氧底漆可刷涂、喷涂、涂抹。由于板件损伤打磨面积较小，若用喷涂法会造成浪费，此时施涂环氧底漆可采用涂抹法，更节省时间、节约材料。折叠清洁布蘸取环氧底漆，在裸金属部位薄涂一层环氧底漆，不宜涂得过厚，以免延长干燥时间。涂抹环氧底漆如图 7-3 所示。

环氧底漆涂抹完毕，使用红外线烤灯烘烤，烤灯与工件之间保持 70~90cm 的距离。烤灯温度设定为 50℃，烘烤时间为 5~10min。烘烤环氧底漆如图 7-4 所示。

接下来开始刮涂第一层原子灰。使用钢板刮刀或塑料刮板、橡胶刮板等工具，将调和好

图 7-3 涂抹环氧底漆

的原子灰均匀地刮涂在损伤部位，将凹陷的部位填平。将剩余的原子灰丢弃在冷却水槽中，冷却后丢弃在防爆垃圾桶内，并清理、清洗刮刀。使用红外线烤灯烘烤刮涂原子灰的区域，烤灯与板件之间保持 70～90cm 的距离，烤灯温度设定为 50℃，烘烤时间为 5～10min。刮涂第一层原子灰如图 7-5 所示。

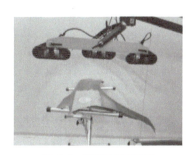

图 7-4 烘烤环氧底漆

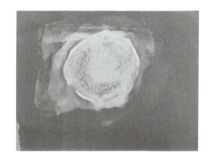

图 7-5 刮涂第一层原子灰

原子灰干燥后，在第一层的基础上刮涂第二层原子灰。第二层原子灰的刮涂范围稍大于第一层，且第二层原子灰的边缘部位较薄。要求第二层原子灰的平面应略高于工件平面。第二层原子灰的边缘与第一层原子灰的边缘要相距 3～5cm。第二层原子灰的刮涂范围在磨毛区内，不要超出磨毛区。若需刮涂的损伤部位为内弧，在刮涂过程中刮刀应与内弧的弧度保持一致。

原子灰边缘部位应较薄，以便于打磨过渡。第二层原子灰的表面应高于工件平面，这是因为在原子灰干燥过程中由于溶剂的挥发使原子灰收缩，也是为了确保打磨原子灰后原子灰表面与工件表面的弧度一致。刮涂第二层原子灰如图 7-6 所示。

图 7-6 刮涂第二层原子灰

提示： 如果刮刀只有一个移动方向，原子灰中心的高点会变，这会造成后续很难打磨，所以在最后一遍时刮刀应该反向移动把高点刮回中心。原子灰表面应该比原表面略高，但如果太高，打磨去除多余的材料也要费很多时间。

7.2 复杂表面打磨原子灰的方法

1）打磨过程中不接触溶剂，主要使用无尘干磨机和手刨对损伤表面的原子灰进行磨平，打磨过程中主要是粉尘污染，因此应更换为防粉尘的防尘口罩，穿戴棉纱手套、耳塞、护目镜、工作服、工作帽、安全鞋。

2）原子灰干燥后，先检查原子灰的干燥程度，用手指在原子灰的边缘轻触一下，检查原子灰是否沾手，不沾手即可，或者用 P400 砂纸在原子灰边缘轻轻打磨一下，不粘砂纸并且打磨出发白说明原子灰完全干燥，可以进行打磨操作。如果原子灰未完全干燥，打磨时会粘砂纸，造成砂纸用量过大，浪费砂纸且工作效率不高，因此不能进行打磨。

3）在干燥后的原子灰表面涂抹炭粉指示剂。在需要打磨的部位喷涂或擦涂一层与打磨部位颜色不一样且比较薄的炭粉指示剂，可使打磨后的高低点比较容易被看到，即指示层颜色被磨掉的部位为高点，未被磨掉的部位为低点。这样比较容易观察打磨区域的打磨程度。涂抹炭粉指示剂如图 7-7 所示。

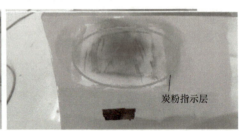

图 7-7　涂抹炭粉指示剂

4）可用于打磨原子灰损伤区域的打磨工具有手刨、砂纸打磨垫板、双动作打磨机、轨道式打磨机。在打磨小面积损伤的原子灰时，选择大小合适的手刨更容易控制打磨范围和打磨效果。使用双动作打磨机或轨道式打磨机打磨大面积的损伤，可以降低劳动强度，比手刨打磨效率更高。

5）选择 P80 砂纸打磨损伤面的原子灰。用 P80 砂纸打磨时，只需将原子灰表面初步磨平，打磨范围不要超出原子灰刮涂区域，以防止打磨到旧涂层而留下较粗的砂纸痕。如果刮涂的原子灰较平整，可以省略用 P80 砂纸的打磨。

6）打磨原子灰时，还应根据工件的形状或弧度确定好打磨方向和打磨角度。手工打磨时，应沿手刨的长度方向且顺着工件的流线型弧度水平方向做来回往复运动，来回往复的幅度在不超出原子灰范围的情况下应尽量长一些，这样既可使打磨的平整度较好，又可防止打磨过度造成凹坑。

7）使用打磨机打磨时应采用多角度打磨，并且与板件的内弧保持一致，最好采用无尘打磨机。使用 P80 砂纸打磨原子灰表面的高点，打磨到需打磨的约 60% 就要停止打磨更换砂纸，这样既可使打磨的平整度较好，又可防止打磨过度造成凹坑。砂纸从粗到细的更换顺序依次为 P80、P120、P180、P240、P320。多角度打磨如图 7-8 所示。

8）干磨时由于原子灰表面较粗糙，为了能清晰展现打磨程度，可通过喷涂打磨指示层或涂抹打磨指示层的方法判断打磨程度。打磨过程中要不断通过观察和用手触摸原子灰打磨的平整度、打磨质量，判断打磨的原子灰表面是否有台阶、高低点。可采用多方向、多角度触摸检查平整度。

9）当原子灰打磨到要求的平整度时，再使用偏心距为 3mm 的双动作打磨机（更换P320 砂纸），从原子灰边缘向周围扩展打磨。第一折边区边缘、筋线、使用双动作打磨机不

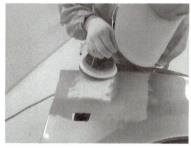

多角度打磨示意图

图 7-8　多角度打磨

易打磨的凹陷等部位，可使用红色百洁布手工打磨。第一折边区外的区域也使用红色百洁布手工打磨。打磨的目的：打磨旧涂层表面的氧化膜以及打磨旧涂层表面形成粗糙面，增加新涂层与旧涂层附着力。

7.3　技 能 训 练

7.3.1　内弧面、双弧面线条等复杂表面的原子灰刮涂

1．训练准备

（1）个人防护用品　喷漆防静电工作服、活性炭口罩、常用安全眼镜、橡胶手套。

（2）原料　翼子板、原子灰、固化剂。

（3）工具　腻子刮刀、橡胶刮板、塑料刮板、原子灰调和板。

2．训练要求

能使用刮涂工具完成内弧面、双弧面线条等复杂表面的原子灰刮涂。

3．基本操作步骤

操作步骤描述：准备→检查原子灰→确定原子灰用量→调配原子灰→按比例加入固化剂→刮涂原子灰。

（1）准备　按照刮涂原子灰的要求穿戴个人防护用品。仔细阅读说明，并检查原子灰的生产日期是否过期，以及与底材是否匹配。应根据损伤范围的大小，确定原子灰的用量。

本次使用的是聚酯原子灰，应使用专用开罐器打开密封的原子灰罐盖，不要使用刮刀或原子灰铲刀，以免刮刀或铲刀变形，同时也会损坏原子灰罐盖，影响原子灰罐的密封。

（2）调配原子灰　用搅拌杆搅拌原子灰，使原子灰中的溶剂、树脂、填料充分混合均匀，防止原子灰的填料沉淀（即上部的原子灰过稀，下部的原子灰过稠，下部的无法使用，造成浪费）。充分混合固化剂，使固化剂中的主剂和副剂混合均匀。

在原子灰调和板上混合原子灰及固化剂，并应根据不同的使用条件采用不同的调配比例。

1∶3%的比例：原子灰 100g，固化剂 3g（约 15mm 长），适合 5～15℃。

1∶2%的比例：原子灰 100g，固化剂 2g（约 10mm 长），适合 15～20℃。

1∶2%的比例：原子灰 100g，固化剂 2g（约 5mm 长），适合 20℃以上，且应在 4～5min 内刮涂完。

注意：1）加入固化剂时，不能将固化剂直接挤在取出的原子灰上。

2）调和速度要快。

（3）刮涂第一层原子灰

1）使用钢板刮刀或者塑料刮板、橡胶刮板等工具，将调和好的原子灰均匀地刮涂在损伤部位，将凹陷的部位填平。

2）将剩余的原子灰丢弃在防爆垃圾桶内，并清理刮刀。

3）使用红外线烤灯烘烤已刮涂原子灰的损伤区域。烤灯与工件之间保持 70 ~ 90cm 的距离。烤灯温度设定为 50℃，烘烤时间为 5 ~ 10min。设定温度过低，干燥时间会延长；设定温度过高，原子灰和固化剂干燥过快，会导致原子灰过度收缩，易使原子灰脱落或开裂。

注意：应根据损伤部位的大小，确定原子灰的用量，然后取适量的原子灰对损伤区域刮涂修补。若所取原子灰量太大，用不完会造成浪费且污染环境。

（4）刮涂第二层原子灰　原子灰干燥后，在第一层的基础上刮涂第二层原子灰。第二层原子灰的刮涂范围稍大于第一层，且第二层原子灰的边缘部位较薄。要求第二层原子灰的平面应略高于工件平面。

第二层原子灰的边缘与第一层原子灰的边缘相距 3 ~ 5cm。第二层原子灰的刮涂范围在磨毛区内，不要超出磨毛区。

原子灰边缘部位应较薄，以便于打磨过渡。第二层原子灰的表面应高于工件平面，这是因为在原子灰干燥过程中由于溶剂的挥发原子灰收缩，也是为了确保打磨损伤区后原子灰表面与工件表面的弧度一致。

7.3.2　复杂表面原子灰的打磨

1. 训练准备

（1）个人防护用品　工作服、防尘口罩、普通棉手套、耳塞、护目镜、工作帽、安全鞋。

（2）工件　门板。

（3）工具　干磨机、干磨砂纸、手刨、炭粉指示剂。

2. 训练要求

能完成复杂表面的原子灰打磨。

3. 基本操作步骤

操作步骤描述：准备→检查原子灰的干燥程度→涂炭粉指示剂→选择打磨工具→选择砂纸→打磨原子灰。

（1）准备　打磨过程中不接触溶剂，主要使用无尘干磨机和手刨对损伤表面的原子灰进行施工磨平，打磨过程中主要是粉尘污染，因此应更换为防粉尘的防尘口罩，穿戴棉纱手套、耳塞、护目镜、工作服、工作帽、安全鞋。

（2）检查原子灰的干燥程度　原子灰干燥后，先检查原子灰的干燥程度，用手指在原子灰的边缘轻触一下，检查原子灰是否沾手，不沾手即可，或者用 P400 砂纸在原子灰边缘轻轻打磨一下，不粘砂纸并且打磨出发白说明原子灰完全干燥，可以进行打磨操作。如果原子灰未完全干燥，打磨时会粘砂纸，造成砂纸用量过大，浪费砂纸且工作效率不高，不能进行打磨。

（3）涂炭粉指示剂　在需要打磨的部位喷涂或擦涂一层与打磨部位颜色不一样且比较

薄的炭粉指示剂，可使打磨后的高低点比较容易被看到，即指示层颜色被磨掉的部位为高点，未被磨掉的部位为低点。这样比较容易观察打磨区域的打磨程度。

（4）选择打磨工具　可用于打磨原子灰损伤区域的打磨工具有手刨、砂纸打磨垫板、双动作打磨机、轨道式打磨机。在打磨小面积损伤的原子灰时，选择大小合适的手刨更容易控制打磨范围和打磨效果。使用双动作打磨机或轨道式打磨机打磨大面积的损伤，可以降低劳动强度，比手刨打磨效率更高。

（5）选择砂纸　选择 P80 砂纸打磨损伤面的原子灰。用 P80 砂纸打磨时，只需将原子灰表面初步磨平，打磨范围不要超出原子灰刮涂区域，以防止打磨到旧涂层而留下较粗的砂纸痕。如果刮涂的原子灰较平整，可以省略用 P80 砂纸的打磨。

（6）打磨原子灰　打磨原子灰时，还应根据工件的形状或弧度确定好打磨方向和打磨角度。手工打磨时，应沿手刨的长度方向且顺着工件的流线型弧度水平方向做来回往复运动，来回往复的幅度在不超出原子灰范围的情况下应尽量长一些，这样既可使打磨的平整度较好，又可防止打磨过度造成凹坑。

使用打磨机打磨时应采用多角度打磨，且最好采用无尘打磨机。使用 P80 砂纸打磨原子灰表面的高点，打磨到需打磨的约 60% 就要停止打磨更换砂纸，这样既可使打磨的平整度较好，又可防止打磨过度造成凹坑。砂纸从粗到细的更换顺序依次为 P80、P120、P180、P240、P320。

干磨时由于原子灰表面较粗糙，为了能清晰展现打磨程度，可通过喷涂打磨指示层或涂抹打磨指示层的方法判断打磨程度。打磨过程中要不断通过观察和用手触摸原子灰打磨的平整度、打磨质量，判断打磨的原子灰表面是否有台阶、高低点。可采用多方向、多角度触摸检查平整度。

当原子灰打磨到要求的平整度时，再使用偏心距为 3mm 的双动作打磨机（更换 P320 砂纸），从原子灰边缘向周围扩展打磨。第一折边区边缘、筋线、使用双动作打磨机不易打磨的凹陷等部位；可使用红色百洁布手工打磨。第一折边区外的区域也使用红色百洁布手工打磨。

69

项目 8

中涂底漆的喷涂与打磨

8.1　中涂底漆整板喷涂

在任何油漆系统中不同的底漆和中涂底漆的作用是不同的，选择合适的底漆是确保漆膜质量和耐久性的关键。

8.1.1　中涂底漆材料知识

1. 底漆及中涂底漆的类型

1）侵蚀底漆在裸金属上有很强的附着力，侵蚀底漆能保护裸金属，使其不受侵蚀。侵蚀底漆含有机酸，可以侵蚀到裸金属体内，产生很强的附着力。在打磨原子灰的过程中，过度打磨会裸露出金属，对裸露的金属喷涂侵蚀底漆能起到很好的保护作用，并增加中涂底漆的附着力。

2）酸蚀底漆与不饱和聚酯原子灰是不相容的，任何时候都不能把酸蚀底漆作为不饱和聚酯原子灰的附着力促进剂。如果先喷涂或刮涂聚酯原子灰，原子灰固化后可以喷涂酸蚀底漆，封闭金属裸露部分。酸蚀底漆的某些组分与聚酯原子灰的某些组分不相容，会引起痱子、剥离等油漆缺陷。

3）环氧底漆在很多底材上都有很好的附着力，如钢、镀锌钢、铝、玻璃钢和某些塑料。用湿碰湿工艺施工时，其流平性好，漆膜外观好，具有优良的耐腐蚀性、力学性能和耐化学品性能。

环氧底漆是双组分系统，固化剂的类型对环氧底漆的性能影响很大。环氧底漆有三种常用的固化剂：胺和胺加成物固化剂，异氰酸酯类固化剂，聚酰胺固化剂。不同固化技术产生不同性能的环氧底漆。

聚酰胺固化环氧底漆：固化速度最慢，涂膜柔性好。

异氰酸酯固化环氧底漆：干燥时间最短，尤其在低温条件下；油漆使用寿命最短；在有限的一些底材上有良好的附着力。

胺和胺加成物固化环氧底漆：干燥速度比异氰酸酯固化环氧底漆略慢；较长的使用寿命；在很多底材上有很强的附着力；能够符合 VOC 法规；在裸钢上有最强的耐腐蚀性。

4）汽车用中涂底漆也称为二道浆，就是用于汽车底漆和面漆或底色漆之间的涂料。要求它既能牢固地附着在底漆表面上，又能容易地与它上面的面漆涂层相结合，起着重要的承上启下的作用。中涂底漆除了要与其上下涂层有良好的附着力和结合力，同时还应机械性能好，能提供与面漆相适应的保护性能。中涂底漆也应具有填平性，以消除被涂物表面的洞眼、纹路等，从而制成平整的表面，使涂饰面漆后得到平整、丰满的涂层，提高整个漆膜的鲜映性和丰满度，以提高整个涂层的装饰性。中涂底漆还应具有良好的打磨性，从而在打磨后能得到平整光滑的表面。

原子灰、中涂底漆和封闭底漆都是涂料配套涂层的中间层涂料。原子灰用来填补被施工物件不平整的地方，一般呈厚浆状，颜料含量高，其涂层的机械强度差，易脱落。所以当前大量流水线生产的新车已不再用原子灰，有时仅用于汽车修补。封闭底漆是涂面漆前的最后一道中间层涂料，其涂膜呈光亮或半光亮，一般用于装饰性要求较高的涂层中（例如汽车修补）。这种涂层要求在涂面漆之前涂一道封闭底漆，以填平底层经打磨后所遗留的痕迹，从而得到满意的平整底层。当前新车的原始涂装一般采用中涂底漆作为中间涂层，它所选用的基料与底漆和面漆所用基料相似，这样就可保证与上下涂层间牢固的结合力和良好的配套性。中涂底漆主要采用聚酯树脂、氨基树脂、环氧树脂、聚氨酯树脂和粘接树脂等作为基料，颜料和填料选用钛白、炭黑、硫酸钡、滑石粉、气相二氧化硅等。中涂底漆一般固体分高，可以制得足够的膜厚（大约40μm）；机械性能好，尤其是具有良好的抗石击性；另外，还具有表面平整、光滑，打磨性好，耐腐蚀性、耐水性优良等特点，对改善汽车整个漆膜的外观和性能起着至关重要的作用。

快干单组分硝基中涂底漆容易施工和打磨，适用于磷化处理过的钢板和铝板、玻璃钢（GRP）、聚酯喷灰、状态完好的面漆。

双组分高固体分底漆是一种应用广泛的底漆，可以用于各种类型的修补。建议喷涂这种底漆时按照下列喷枪设置适当施工，可提供标准膜厚：若采用传统喷枪，喷枪（重力式）口径为1.6~1.8mm，喷涂压力为3~3.3bar；若采用HVLP（高流量低气压）喷枪，喷枪（重力式）口径为1.6~1.8mm，喷涂压力为1.5~2bar。

中涂底漆主要由颜料、树脂、溶剂、添加剂组成，用作工件电泳底漆涂层与面漆涂层之间的涂层，主要起到增强涂层间附着力、加强底漆层的封闭性和填充细微痕迹的作用。

2. 中涂底漆的调配

1）底漆灰度的调配。灰度是影响油漆遮盖力的关键因素。每种颜色的灰度都有特殊的明暗，为减少其特殊明暗度，选择灰度是关键步骤。应根据色漆颜色选择合适灰度的底漆（可查阅生产商资料）。色漆颜色对应的灰度如图8-1所示。

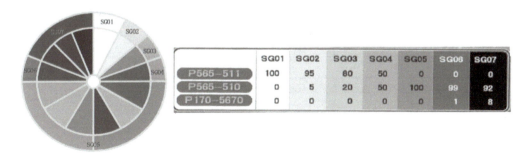

图8-1　色漆颜色对应的灰度

使用可调灰度底漆可节省时间、色漆用量和费用，这是因为可调灰度底漆可提高通透性色母的遮盖力，有效减少喷涂层数，省时省工。另外，可调灰度底漆还有外观卓越、保光性更好、干燥快、VOC含量超低、可使用多种工艺、漆膜厚易打磨、容易使用、健康安全符合环保要求等优点。

2）确定底漆用量。应根据损伤区域的大小，确定底漆用量，避免浪费。确定底漆用量如图 8-2 所示。

3）根据产品使用说明添加合适比例的固化剂、稀释剂，并使用搅拌棒彻底搅拌中涂底漆，将固化剂、稀释剂充分搅拌均匀。不同厂家的产品混合比例不同，不要混用。

应根据环境温度选择稀释剂。混合中涂底漆时，应根据产品说明书，在聚氨酯中涂底漆中添加固化剂，用稀释剂稀释，然后使用合适的量具（如电子秤、比例尺等）并用滤网过滤后倒入枪罐中。过滤底漆并装入喷枪如图 8-3 所示。

图 8-2 确定底漆用量

图 8-3 过滤底漆并装入喷枪

72

注意： 中涂底漆的颜料会沉底，因此使用前必须彻底搅拌均匀，这与面漆相似。虽然硝基中涂底漆易于使用，但涂料性能太差，如有可能，推荐使用聚氨酯中涂底漆。

不同类型的稀释剂可用于调节中涂底漆在不同温度下的干燥时间。如果显示有重叠区域，则可以混合两种稀释剂。通常生产商为稀释剂用量指定了一个范围，稀释剂用量少时漆膜会比较厚，也更粗糙一些，而稀释剂用量多时，中涂底漆更容易喷涂，但易出现流挂。不同温度下适用的稀释剂类型见表 8-1。

表 8-1 不同温度下适用的稀释剂类型

稀释剂类型	环境温度			
	10℃	20℃	30℃	40℃
慢干		←		→
标准		←	→	
快干	←	→		

注：表中带箭头的横线表示不同类型的稀释剂适合的施工温度范围。

8.1.2 中涂底漆整板喷涂的方法

中涂底漆用于填补修补区域的打磨痕迹，而在使用前必须加入固化剂。中涂底漆有下面两种施工方式。

1. 喷灰方式

与固化剂混合的中涂底漆中一般不加或者加极少量稀释剂，故施工漆料比较黏稠，漆膜也很厚（150μm/3 层）。喷灰方式的喷涂程序如图 8-4 所示。

第 1 层底漆喷涂在打磨区域内，闪干 5min 或者红外线烤灯烘烤 2min。第 2 层底漆喷涂在第 1 层范围内，闪干 5min 或者红外线烤灯烘烤 2min。第 3 层底漆喷涂在第 2 层范围内，使用红外线烤灯烘烤固化（参考红外线固化说明书）。修补系统剖面如图 8-5 所示。

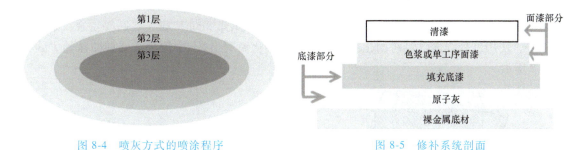

图 8-4　喷灰方式的喷涂程序　　　　　　　图 8-5　修补系统剖面

2. 湿碰湿方式

湿碰湿方式是一种可提高修补速度的施工方式，实际上是减少了喷涂面漆之前底漆完全固化的工序。湿碰湿方式的漆膜较厚，所以只能用于面板前处理做得很好的情况下。这种施工方式的稀释剂用量要多一些，可使施工性更好、漆膜更光滑、底漆更容易打磨，主要用于不需要填补的部件和侵蚀底漆上。

湿碰湿方式施工的底漆只能喷涂在整块面板上，或者喷涂在新部件的电泳底漆上面，在新的面板上喷涂底漆需要增加闪干、烘烤工序。喷涂中涂底漆如图 8-6 所示。

图 8-6　喷涂中涂底漆

8.2　中涂底漆局部修补喷涂

8.2.1　中涂底漆修补喷涂的方法

工件表面是电泳底漆层时，可使用 P400 砂纸或红色百洁布打磨；工件表面是完整的旧漆层时，可使用 P240 砂纸进行粗打磨。如果中涂底漆或油漆喷在未经任何额外处理的漆层上，层间附着力会很差，在弯曲表面或振动之后可能会剥落。喷涂油漆前，工作表面上必须有细小刮痕，比如砂纸痕可增加表面积，提高结合力。该过程称为粗磨。刮涂原子灰前的羽状边打磨也属粗磨。中涂底漆修补喷涂如图 8-7 所示。

在双动作打磨机上贴 P240 砂纸，打磨准备喷涂中涂底漆的施工表面。如果中涂底漆需要覆盖整个原子灰，应打磨至原子灰外部约 100mm（4in）；如果工件表面需要整面涂装，则对整个工件表面进行打磨。用双动作打磨机（贴 P240 砂纸）打磨掉涂层表面的光泽；如果采用手工打磨，使用 P320 砂纸手工或配合手工打磨垫块打磨。

第 1 层底漆喷涂在打磨区域内中间部位，闪干 5min 或者红外线烤灯烘烤 2min。第 2 层底漆喷涂在第 1 层范围外，闪干 5min 或者红外线烤灯烘烤 2min。第 3 层底漆喷涂在第 2 层范围外，使用红外线烤灯烘烤固化（参考红外线固化说明书）。中涂底漆修补喷涂的方式如图 8-8 所示。

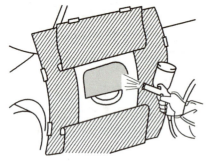

图 8-7　中涂底漆修补喷涂

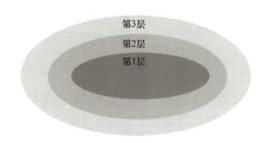

图 8-8　中涂底漆修补喷涂的方式

8.2.2　底漆及中涂底漆喷枪的选择及调试

1. 底漆及中涂底漆的喷涂要求

（1）对底漆喷枪的要求　底漆及中涂底漆一般固体含量较高，喷涂黏度相对也高，而且对成膜后的膜厚有一定的要求，喷涂过程中应减少飞漆，提高油漆传递效率，填充快捷，还要使漆膜容易打磨。对底漆喷枪的要求：雾化颗粒饱满均匀，精细雾化，大喷幅扇面，能做出平滑的漆膜，减少打磨时间，调节后能够输送足够油漆，产生适当厚度的漆膜，高传递效率，符合 VOC 的法规要求。对底漆喷枪的要求如图 8-9 所示。

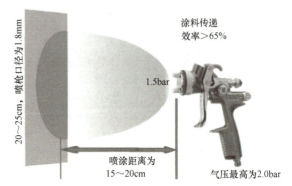

图 8-9　对底漆喷枪的要求

（2）喷枪与工件的距离——枪距　喷涂底漆时，底漆喷枪枪尾气压表能精确设定气压，喷涂气压最高不超过 2bar，喷枪与工件表面的距离为 15～20cm。喷枪与工件的距离如图 8-10 所示。

图 8-10　喷枪与工件的距离

（3）喷枪的角度　喷枪尽可能与底材修补区垂直，并根据油漆"碰撞"板件的状况决定走枪速度，保持 1/2 覆盖（压 1/2 枪），可以保证合适的油漆流量和漆膜厚度。

2. 喷枪的设置

喷涂压力设为 2.0bar，喷涂距离设为 15~20cm，喷涂重叠设为 50%~75%，喷幅宽度设为 200~300mm。喷枪口径参数见表 8-2。喷枪的喷嘴如图 8-11 所示。

表 8-2　喷枪口径参数

喷枪口径/mm	建议的施工工艺		可喷涂黏度
	层间打磨配比	湿碰湿（免磨配比）	砂/20℃（DIN-4）
1.4	■	▲	15~19
1.6	■	▲	20~25
1.8	▲	—	
2.0	▲	—	>25
2.5	▲	—	>40

注：1. ■表示喷涂道数的不同，可参照工艺。

　　2. ▲表示主要以高固体分、高黏度中涂底漆为主，配比不同可使用的施工工艺不同。

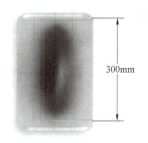
300mm

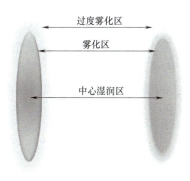

图 8-11　喷枪的喷嘴

（1）喷枪的喷幅　喷枪的椭圆形喷幅有三个区：最里层是中心湿润区，中间是雾化区，外层是过度雾化区。喷枪的喷幅如图 8-12 所示。

面漆和底漆的功能区别：面漆主要是给被涂物表面着色和装饰；而底漆则是填充被涂物表面的砂纸痕或砂眼，也就是给漆面打基础，以免面漆漆膜产生瑕疵。

正确的喷涂形状是椭圆形，且在整个椭圆形面上油漆均匀分布。通过两个方向喷涂实验可以知道喷涂的油漆量是否合适：油漆太多，会流挂；油漆太少，形成干喷，表面有微粒。喷涂油漆雾化效果如图 8-13 所示。

过度雾化区
雾化区
中心湿润区

面漆喷幅　　　　底漆喷幅

图 8-12　喷枪的喷幅

（2）喷枪的喷幅（扇面）调整　喷漆之前一定要在遮蔽纸上检查油漆扇面和喷枪压力：雾化压力太低，则扇面成形的喷幅小，喷出的椭圆形中间的油漆会过多。

如果喷涂成圆形（见图 8-14），可能是因为空气帽中心孔或者喷漆孔阻塞或变形，应彻底清洗，必要时更换喷嘴组件。

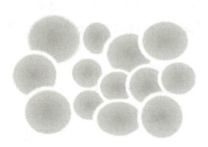

雾化效果差，聚结性好，溶
剂挥发慢，比较湿

雾化效果好，聚结性差，溶
剂挥发快，比较干

图 8-13　喷涂油漆雾化效果

　　如果椭圆形向一侧弯曲（见图 8-15），可能是因为空气帽有一角孔有脏污，应清洁雾化孔，必要时更换喷嘴组件。

图 8-14　喷涂成圆形

图 8-15　椭圆形向一侧弯曲

　　如果椭圆形一端扭曲（见图 8-16），可能是因为喷漆孔阻塞或变形，可用专用的喷嘴清洁工具清洁喷嘴或更换喷嘴组件。

　　如果椭圆形中部收缩（见图 8-17），呈哑铃形，可能是因为油漆中稀释剂太多或喷枪压力太高，导致扇面太长，应调整喷涂形状。

　　椭圆形中间油漆过多（见图 8-18）的原因及解决方法：若雾化压力太低，则加大空气压力；若油漆黏度太高，则加稀释剂；若油漆流量太高，则调整油漆流量→测量和调节喷枪空气压力→测试扇面。

图 8-16　椭圆形一端扭曲

图 8-17　椭圆形中部收缩

图 8-18　椭圆形中间油漆过多

（3）喷涂技巧 只有保证正确的喷涂距离（15~20cm），溶剂飞逸量适中，干燥固化时间合适，漆膜均匀，油漆湿润性好、附着力强、"融化"性好、流平性好、光泽度强，合适的枪距和比较均匀的喷枪移动速度，才能喷出合格的漆面。喷枪角度如图8-19所示。喷枪运行示意图如图8-20所示。施工技巧示意图如图8-21所示。

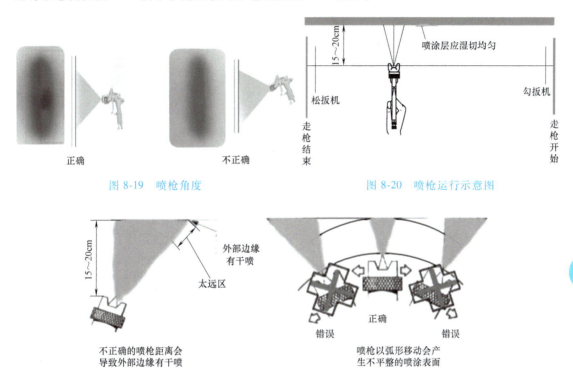

图 8-19　喷枪角度　　　　　　　　图 8-20　喷枪运行示意图

图 8-21　施工技巧示意图

8.3　中涂底漆的打磨

1）完成中涂底漆喷涂后，用红外线烤灯加温至完全干燥，然后等待工件自然降至环境温度。

2）中涂底漆本身没有亮度，为便于打磨时观察哪些部位还有缺陷，打磨前要在中涂底漆上均匀涂抹一层打磨指示层。涂抹打磨指示层如图8-22所示。

3）用3号打磨头（带中间软垫）粘贴P400砂纸打磨中涂底漆，彻底去除桔皮。选择砂纸如图8-23所示。

4）如果是喷涂单工序面漆或双工序纯色漆，使用P400砂纸进行打磨；如果是喷涂双工序银粉漆、珍珠漆，使用P500砂纸进行打磨。

5）在打磨板件的边、角、棱处时，为防止磨穿板件，可利用P800~P1000海绵砂纸或灰色百洁布进行打磨。需喷漆的区域全部磨毛至没有光泽，以使新喷油漆的附着力和流平性达到最佳效果。选择百洁布如图8-24所示。

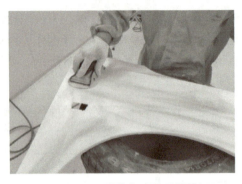

图 8-22　涂抹打磨指示层

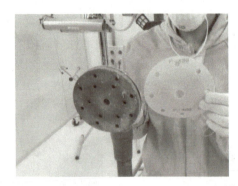

图 8-23　选择砂纸

说明： 打磨中涂底漆的目的是消除中涂底漆上的桔皮等缺陷，以保证最后的喷涂效果。使用打磨机打磨时应采用多角度打磨，最好采用无尘打磨机。打磨中涂底漆如图 8-25 所示。

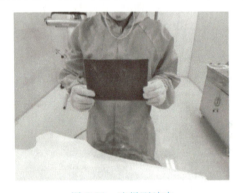

图 8-24　选择百洁布

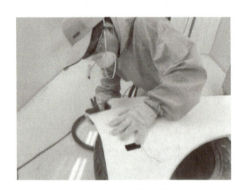

图 8-25　打磨中涂底漆

8.4　技　能　训　练

8.4.1　选择和调配中涂底漆

1. 训练准备

（1）个人防护用品　工作服、工作帽、安全鞋、活性炭口罩、一次性乳胶手套、丁腈橡胶手套、常用安全眼镜、耳塞、护目镜。

（2）工具　电子秤、中涂底漆容器。

2. 训练要求

选择和调配中涂底漆。

3. 基本操作步骤

操作步骤描述：准备→选择灰度→确定底漆用量→调配中涂底漆。

（1）准备　按照要求穿戴个人防护用品。

（2）选择灰度　根据色漆颜色选择合适灰度的底漆（可查阅生产商资料）。

使用可调灰度底漆可节省时间、色漆用量和费用，这是因为可调灰度底漆可提高通透性色母的遮盖力，有效减少喷涂层数，省时省工。

（3）确定底漆用量 根据损伤区域的大小，确定底漆用量，避免浪费。

本次调配的中涂底漆的灰度为 4（SG04），环境温度在 30℃以上，用量为 200g，比例为 5∶1∶（0.5~1）。

配方如下：

P565-511（白色），71.5g。

P565-510（灰色），71.5g。

P210-845（慢干），28.57g。2K 高固固化剂 P210-845（慢干）适用于气温 30℃以上的环境。

P850-1493/1494（高气温），28.57g。

（4）调配中涂底漆 根据产品使用说明添加合适比例的固化剂、稀释剂，并使用搅拌棒彻底搅拌中涂底漆，将固化剂、稀释剂充分搅拌均匀。不同厂家的产品混合比例不同，不要混用，例如高固体分厚膜底漆（白色）P565-511、高固体分厚膜底漆（灰色）P565-510。2K 高固固化剂 P210-842（快干）适用于气温 25℃以下，2K 高固固化剂 P210-8430（标准快干）适用于气温 25℃以下，2K 高固固化剂 P210-844（标准）适用于气温 25~30℃，2K 高固固化剂 P210-845（慢干）适用于气温 30℃以上，可根据环境温度选择合适干燥速度的固化剂。2K 稀释剂 P850-1491/1492 适用于气温 25℃以下，2K 稀释剂 P850-1493/1494 适用于气温 30℃以上，可根据环境温度选择合适干燥速度的稀释剂。

混合中涂底漆时，应根据产品说明书，在聚氨酯中涂底漆中添加固化剂，用稀释剂稀释，然后使用合适的量具（如电子秤、比例尺等）并用滤网过滤倒入枪罐中。

8.4.2 使用喷枪完成中涂底漆的整板喷涂

1. 训练准备

（1）个人防护用品 防尘口罩、活性炭口罩、棉纱手套、一次性乳胶手套、丁腈橡胶手套、安全鞋、防静电工作服、安全眼镜、耳塞、工作帽、供气式面罩。

（2）工件 已做好底层的门板 1 件。

（3）工具 费斯托无尘干磨系统 1 套（配备偏心距为 3mm 和 6mm 的打磨机）、炭粉指示盒 1 套、原子灰刮板、清洗槽或不锈钢盆 1 个、毛刷 1 个、普通垃圾桶 1 个、防火垃圾桶 1 个、除油剂喷壶 1 个、水性清洁剂喷壶 1 个、红外线烤灯 1 台、搅拌原子灰的比例尺、门板支架 1 台、打磨材料工作台、专用底漆喷枪 1 把（重力式，1.6~2.0mm 口径喷嘴）、电子秤、调漆比例尺。

1）打磨材料：6in 9 孔 P80、P120、P180、P240、P320、P400、P500 砂纸或 6in 相同粒度的砂网，各 2 张/人；70mm×125mm 的 P80、P120、P180、P240、P320 手刨砂纸或砂网，各 2 张/人；红色百洁布（相当于 P400 砂纸）、灰色百洁布（相当于 P600 水砂纸），各 1 张/人。

2）清洁遮蔽材料：清洁除油布，5 张/人；遮蔽胶带，2 卷/人；除油剂，例如 PPG 公司的 P850-14（快干，适用于气温较低时及板块修补）、P850-1402（慢干、适用于气温较高时），用于喷涂前对底材上的污物做彻底清洁；清洁剂 P273-901，用于清除油渍、污渍及硅酮物等。

3）万能原子灰（合金腻子）P551-1052 1 套，擦涂式填眼灰 A655 1 支，自喷灌侵蚀底漆 P565-9085 1 罐，高固体分厚膜底漆（白色）P565-511，高固体分厚膜底漆（灰色）P565-510；参照 8.4.1 所述内容，根据环境温度选择合适干燥速度的固化剂；根据环境温度选择合适干燥速度的稀释剂。

2. 训练要求

1）正确穿戴个人防护用品，做好个人安全防护。

2）掌握废弃物的分类，熟练掌握防火要求。

3）理解 5S 管理要求，按 5S 管理要求进行操作。

4）熟练掌握原子灰施工的步骤和方法。

5）熟练掌握中涂底漆的调配。

6）熟练掌握中涂底漆的喷涂技巧。

7）熟练掌握中涂底漆的烘烤要求和打磨要点。

3. 基本操作步骤

操作步骤描述：按要求穿戴个人防护用品→安装固定待施工的门板→检查工具、耗材是否齐全→检查门板损伤做底处理状态→门板损伤区外旧涂层打磨处理→清洁除油→喷涂前准备→粘尘→喷涂中涂底漆→清洁、清洗喷枪并整理。

（1）按要求穿戴个人防护用品　穿好防静电工作服，工作服不宜过紧，也不宜过于肥大，穿着合适、活动自如即可。安全鞋要合脚。检查工件时可以戴一次性乳胶手套或棉线手套，清洁除油时必须戴一次性乳胶手套或丁腈橡胶手套，调配中涂底漆时需要戴一次性乳胶手套或丁腈橡胶手套，打磨过程中需要戴棉线手套。打磨过程中由于干磨设备振动会产生噪声和粉尘，需佩戴耳塞做好耳朵的防护。清洁除油、喷涂中涂底漆时需佩戴呼吸面罩或活性炭口罩。个人安全防护如图 8-26 所示。

（2）安装固定待施工的门板　将已做好底层的门板安装固定于门板打磨支架上，并检查是否牢固，以防操作过程中掉落，对操作者和门板造成损伤。门板打磨支架如图 8-27 所示。

图 8-26　个人安全防护

图 8-27　门板打磨支架

（3）检查工具、耗材是否齐全

1）按照施工要求检查无尘干磨系统的气源、电源是否接通；起动干磨机观察运转状态，确认是否可正常使用。检查工具设备如图 8-28 所示。

2）检查打磨材料工作台。如图 8-29 所示，打磨材料工作台上应配备原子灰和固化剂、手刨砂纸和无尘干磨专用砂纸（P80、P120、P180、P240、P320、P400）、水性清洁剂和油性清洁剂、除油布、百洁布、稀释剂、填眼灰、炭粉指示剂。还要检查水性清洁剂喷壶中是否已加入清洁剂，除油剂喷壶中是否已加入除油剂。

图 8-28　检查工具设备

图 8-29　打磨材料工作台

（4）检查门板损伤做底处理状态　仔细检查做底的效果，查看是否有砂纸划痕、凹凸不平、磨穿裸露金属、砂眼等。如果有凹凸不平，再次使用原子灰填补直至达到平整效果；如果仅有细小的划痕或小的砂眼，使用填眼灰填补。

注意：填眼灰属于小瑕疵填补用品，不能用于大面积刮涂，否则可能导致漆膜附着力降低、塌陷明显。

（5）门板损伤区外旧涂层打磨处理　使用干磨机（3 号打磨机粘贴 P320 砂纸）打磨工件上的电泳底漆，打磨掉电泳底漆涂层表面的氧化层，打磨到亚光。要求：打磨到亚光，无桔皮，无裸露金属，第一折边区外打磨均匀，工件表面有凹槽的部位打磨彻底，无漏磨部位。

注意：1）磨毛的目的是利于中涂底漆的喷涂，最终效果达到没有桔皮、表面亚光。

2）在打磨边、角、棱处时，一定要注意控制打磨头的速度，防止磨穿；也可以利用红色百洁布进行手动打磨。手工打磨如图 8-30 所示。

图 8-30　手工打磨

（6）清洁除油

1）利用清洁布擦拭门板上的灰尘，再用吹尘枪吹净。

2）用一湿一干两块清洁布进行整板除油，且用两块清洁布交叉进行；也可以用喷洒法

81

进行除油。清洁除油如图 8-31 所示。

（7）喷涂前准备

1）穿戴个人防护用品——防静电工作服、安全鞋、耐溶剂手套、供气式面罩、耳塞等。

2）按制造商的说明，混合适当的固化剂和稀释剂，过滤后装入喷枪罐中，然后开始调试喷枪。本次使用的喷枪为低压环保型，喷枪口径为 1.6mm，喷枪调整为气压 2bar、出漆量 2 圈、扇面 1/4。设置好喷枪参数后，在试喷纸上进行试喷，检查喷涂喷幅质量。调试喷枪如图 8-32 所示。

图 8-31　清洁除油

（8）粘尘　喷涂整板表面前需在喷涂表面进行粘尘。粘尘布先充分展开，再重新团起，从上到下仔细擦拭一遍，清除门板上的灰尘。粘尘如图 8-33 所示。

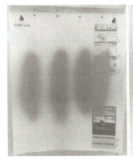

图 8-32　调试喷枪　　　　　　　　　　　　　　　图 8-33　粘尘

（9）喷涂中涂底漆　应选择合适的底漆喷枪进行喷涂，一般选用喷枪口径为 1.6～2.0mm 的底漆喷枪。喷涂时，首先喷涂第一折边区外的区域（即工件四周缘），再自上而下进行喷涂。在整个区域喷涂第一层中涂底漆，然后在遮蔽区和准备区域内将表面喷湿。

中涂底漆的填充颜料较多，故每层喷涂膜厚为 20～25μm，一般喷涂 2～3 层，漆膜厚度可达 50～70μm。视不同的原子灰平面度可多喷涂几层，但漆膜厚度不可超过 150μm，以免涂层开裂或"咬底"。留足够的闪干时间让溶剂蒸发（直到表面失光）。涂每一层漆膜后需闪干，层间闪干约需 5min，合理闪干后再喷涂下一层涂膜。喷涂完毕闪干 5～10min，再使用红外线烤灯烘烤 15min 左右，烤干中涂底漆。

闪干：使油漆中的溶剂挥发出来，防止上层涂层将下层涂层中的溶剂密封，而形成痱子、鱼眼等缺陷。

喷涂中涂底漆如图 8-34 所示。

（10）清洁、清洗喷枪并整理

1）整理。将产品包装盖盖好；工具（喷枪、粘尘布）不能放在地面上；使用完毕，工具、工作位恢复原状；气管归位；粘尘布妥善保管。

2）清洗喷枪。当使用抛弃式枪

图 8-34　喷涂中涂底漆

罐时，可快速清洗喷枪以便更换涂料，但要彻底清洗喷枪的涂料通路及喷嘴。

清洗喷枪时，应冲洗及清洁喷枪的涂料通路、枪针、喷嘴及风帽，用过的清洁液收集在专用容器内。清洗喷枪如图 8-35 所示。

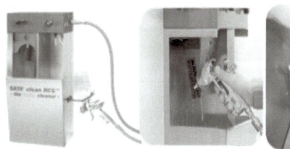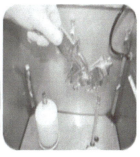

图 8-35　清洗喷枪

3）清洁。吹干喷枪如图 8-36 所示。

重要提示：

假如没有把喷枪放在洗枪机的正确位置，或者没有把洗枪机的空气接头插进喷枪的进风位置，则清洁溶剂内的油漆残渣会积聚于喷枪空气通路内，对喷枪造成损坏。可能造成的缺陷：堵塞喷枪空气通路、气压显示不正确、喷幅变形引致颜色差异、液晶数字屏全黑及失效。

图 8-36　吹干喷枪

4）拆卸清洗。把喷枪的喷嘴套装拆卸清洗。喷枪喷嘴套装的拆卸清洗如图 8-37 所示。

拆卸枪针　　　　旋开风帽　　　　用原装扳手卸除喷嘴

清洗涂料通路　　清洗枪体外部　　用风枪彻底吹干

图 8-37　喷枪喷嘴套装的拆卸清洗

喷枪维护的重要提示：

不要把喷枪浸泡在溶剂或任何液体内或使用超声波清洗机清洗喷枪。

不要打开液晶数字显示屏或用硬物工具或研磨物料清洁液晶数字显示屏。

不要打开电池保护盖子，除非要更换原装电池或新的保护盖子。

83

不要使用暴力装拆、人为损坏。

8.4.3 技能考评：中涂底漆喷涂

为巩固所学知识，下面对实际操作掌握情形做一下小测评。实操训练或实操考评可参照技能训练考评表结合标准工作流程进行。

技能训练考评表——中涂底漆喷涂测评表见表8-3。

表8-3 技能训练考评表——中涂底漆喷涂测评表

测 量 分 评 分 表
汽车涂装初级考评表

项目名称　汽车涂装　　　　　　　　　　　　　　考评日 ＿＿＿＿＿

　　　　　车门喷涂　　　　　　　　　　　　　　选手号 ＿＿＿＿＿

子配分说明　中涂底漆喷涂（自流平底漆喷涂）　　子模块号 ＿＿＿＿＿

评分细则编号	最大分值	评分细则描述	规定或标称值	结果或实际值	实际得分
M1	15	全程穿戴安全鞋和工作服，戴乳胶（薄）手套及佩戴供气式面罩；错误1次扣3分；喷涂中涂底漆前戴耐溶剂手套或棉纱手套搬运均不计为错误，喷涂中涂底漆后应戴乳胶手套搬运			
M2	15	不粘尘扣4分；新的粘尘布未充分展开后再叠起来或者团起来粘尘，扣3分			
M3	30	喷涂前，工件上有残留研磨灰尘（裁判可戴乳胶手套指触确认），每5cm×5cm扣5分			
		对裸露金属区域使用自喷罐防锈底漆修补，遗漏1片扣5分			
M7	40	喷涂过程中出现打磨、擦除，以及使用吹风枪或者喷枪吹底漆漆面等不规范操作，1次扣8分			
		包含外侧，有流挂、露底，每处扣6分；有鱼眼、痱子等缺陷，每种扣6分；底漆喷涂范围超过打磨范围，扣10分			

100　　　　　子模块分值　　　　　　　　　实际得分

8.4.4 打磨中涂底漆

1. 训练准备

（1）个人防护用品　防尘口罩、活性炭口罩、棉纱手套、一次性乳胶手套、丁腈橡胶手套、安全鞋、防静电工作服、安全眼镜、耳塞、工作帽、供气式面罩。

（2）工件　已喷完中涂底漆的门板或翼子板1件。

（3）工具　费斯托无尘干磨系统1套（配备偏心距为3mm和6mm的打磨机）、炭粉指示盒1套、普通垃圾桶1个、防火垃圾桶1个、除油剂喷壶1个、水性清洁剂喷壶1个、门板支架或翼子板支架 1 台、打磨材料工作台、粘尘布。

（4）打磨材料　6in 9 孔 P80、P120、P180、P240、P320、P400、P500 砂纸或 6in 相同粒度的砂网，各 2 张/人；70mm×125mm 的 P80、P120、P180、P240、P320 手刨砂纸或砂网，各 2 张/人；红色百洁布、灰色百洁布，各 1 张/人。

（5）清洁遮蔽材料　清洁除油布，5 张/人；遮蔽胶带，2 卷/人；除油剂，例如 PPG 公司的 P850-14、P850-1402，用于喷涂前对底材上的污物做彻底清洁；清洁剂 P273-901，用于清除油渍、污渍及硅酮物等。

2．训练要求

1）正确穿戴个人防护用品，做好个人安全防护。

2）掌握废弃物的分类，熟练掌握防火要求。

3）理解 5S 管理要求，按 5S 管理要求进行操作。

4）熟练掌握中涂底漆的烘烤要求和打磨要点。

3．基本操作步骤

操作步骤描述：按要求穿戴个人防护用品→检查工具、耗材是否齐全→打磨板件上的中涂底漆→清洁、除油、粘尘。

1）按要求穿戴个人防护用品。穿好防静电工作服，工作服不宜过紧，也不宜过于肥大，穿着合适、活动自如即可。安全鞋要合脚。检查工件时可以戴一次性乳胶手套或棉线手套，清洁除油时必须戴一次性乳胶手套或丁腈橡胶手套，打磨过程中需要戴棉线手套。打磨过程中由于干磨设备振动会产生噪声和粉尘，需佩戴耳塞做好耳朵的防护。

2）检查工具、耗材是否齐全。按照施工要求检查无尘干磨系统的气源、电源是否接通，起动干磨机观察运转状态，确认是否可正常使用。

检查打磨材料工作台上是否配备原子灰和固化剂、手刨砂纸和无尘干磨专用砂纸（P80、P120、P180、P240、P320、P400）、水性清洁剂和油性清洁剂、除油布、百洁布、稀释剂、填眼灰、炭粉指示剂。还要检查水性清洁剂喷壶中是否已加入清洁剂，除油剂喷壶中是否已加入除油剂。

3）打磨板件上的中涂底漆。板件中涂底漆喷涂完后，用红外线烤灯加温至完全干燥，然后等待板件自然降至环境温度。中涂底漆本身没有亮度，为便于打磨时观察哪些部位还有缺陷，打磨前要在中涂底漆上均匀涂抹一层打磨指示层。

用 3 号打磨头（带中间软垫）粘贴 P400 砂纸打磨中涂底漆，彻底去除桔皮。

如果是喷涂单工序面漆或双工序纯色漆，使用 P400 砂纸进行打磨；如果是喷涂双工序银粉漆、珍珠漆，使用 P500 砂纸进行打磨；在板件边、角、棱处为防止磨穿板件，可使用 P800～P1000 海绵砂纸或灰色百洁布进行打磨。需喷漆的区域全部磨毛至没有光泽，以使新喷油漆的附着力和流平性达到最佳效果。

说明：打磨中涂底漆的目的是消除中涂底漆上的桔皮等缺陷，以保证最后的喷涂效果。使用打磨机打磨时应采用多角度打磨，最好采用无尘打磨机。

4）清洁、除油、粘尘。喷涂面漆前需要对板件表面清洁除油。对于溶剂型面漆（油性漆），只需用溶剂型除油剂进行清洁除油；对于水性面漆，则需要使用溶剂型除油剂和水性清洁剂两种材料进行清洁除油。溶剂型除油剂根据挥发速度的不同，可分为低气温快干除油剂和高气温慢干除油剂。是先用水性清洁剂还是先用溶剂型除油剂，具体应根据不同品牌油漆使用说明中的操作要求进行。

除油方法：先使用清洁剂均匀喷洒在板件表面，并在清洁剂未挥发干燥前用清洁布擦干；再使用溶剂型喷壶将溶剂型除油剂均匀喷洒在板件表面，使油脂溶解，并在除油剂未挥发干燥前使用清洁布擦干。水性清洁剂与溶剂型除油剂如图 8-38 所示。

取清洁布使用水性清洁剂湿润后擦湿板件表面，使油脂等污物溶解，然后用另一块干燥的清洁布擦干板件上的清洁剂，再使用清洁布以此方法完成整个板件的除油工作。

除油剂是多种有机溶剂的混合物，能够溶解车身表面的美容蜡、硅化物、油脂等污物，并且挥发速度较慢。擦湿板件表面后除油剂会溶解污物，用干布

 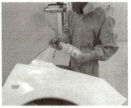

a) 水性清洁剂　　　　b) 溶剂型除油剂

图 8-38　水性清洁剂与溶剂型除油剂

擦除除油剂，污物就能被擦除掉。除油剂过少或挥发过快就起不到溶解油脂的作用了。

粘尘：将粘尘布展开，轻轻地拉伸，然后重新折叠或团成一团（目的是防止过多的粘尘材料黏附在工件表面），再对工件表面擦拭粉尘。

项目 **9**

单工序素色漆喷涂

9.1 清洁与遮蔽的方法

9.1.1 板件清洁的方法

先用清洁布擦干净粉尘再用吹尘枪吹尘；使用两块干净的清洁布，一块布浸润除油剂擦拭板件，另一块干布把除油剂擦干净、始终用干燥和干净的一面擦去除油剂。每次除油清洁一块较小的区域或一块板。不要让除油剂留在车板上自然风干，否则喷漆时会留下擦拭痕迹，并导致油漆故障，湿润时立即擦除。

9.1.2 部件遮蔽的方法

所有需要遮蔽的区域都要除油、除尘和除去其他杂质。喷涂时，如果不拆下门的封条、把手等，要用薄胶带贴住，避免产生较厚的油漆边。打磨时，为了保护某些部件，也可以遮蔽它们。

折叠胶带可以产生平缓的油漆边，折叠方法如下：50%胶带宽度贴在接缝边缘，再把胶带反折。

反向遮蔽可以避免边缘产生"硬边"。折叠遮蔽技术可产生平缓的油漆边，防止产生厚边，特别适合喷涂时尚的流线型汽车的面板时遮蔽接缝部位，也适合用于局部修补。

9.2 素色漆整板喷涂

9.2.1 单工序素色漆材料知识

汽车漆就是喷在汽车上的一种保护膜，它是涂料的一种，可使车身不容易被腐蚀，也能给人提供美观的视觉效果。不同的汽车漆有不同的效果。

汽车漆的主要特点：漆膜饱满度好，光泽度高，硬度高，附着力好，漆膜具有优良的机械性能，具有极好的光泽保持性、耐候性、耐磨性，具有良好的耐腐蚀性能（耐酸、耐碱、耐酒精、耐汽油）。

只要在太阳的照射下，不管什么颜色的油漆，颜料都是会褪色的。怎么办呢？这时添加剂就很重要了。油漆里一般加的是光稳定剂、抗氧剂。添加剂的好坏决定了这种油漆的观感。例如某种2年就开始出现明显褪色的油漆，在加了添加剂后5年还能保持光亮如新。但也没有不褪色的油漆，应尽量使车身均匀褪色，不能使车身不同部分出现不同程度的褪色。

纯色漆也称为素色漆。纯色漆的效果是单色的，眼睛观察表面看不到闪烁颗粒。普通漆的主要成分为树脂、颜料和添加剂。纯色漆按施工方式可分为单工序和双工序。单工序纯色漆正常喷涂两遍或三遍即可完成喷涂工作，可以达到饱满和光亮的效果。双工序纯色漆在喷涂完色漆后，还需要喷涂清漆层才能达到饱满和光亮的效果。

9.2.2 单工序素色漆的喷涂方法

（1）喷涂技巧　如果喷涂时喷枪距离喷涂表面太远（如 30 ~ 40cm），在喷涂涂料的过程中，被雾化的涂料溶剂挥发较快，使喷涂在板件表面的漆膜成形较差、聚结性差，造成干喷现象，使漆面干且粗糙。如果喷涂的是清漆，清漆的光泽度会降低。

如果喷涂时喷枪距离喷涂表面太近（如 5 ~ 10cm），会在面板上喷涂太多的溶剂含量高的油漆，则被雾化的溶剂挥发较慢，造成漆膜厚度不够，固体含量低，干燥固化慢。因聚结性好，漆膜比较湿，溶剂不易挥发而被截留在漆膜中，可能产生漆膜萎缩、流挂等。如果喷涂的是金属漆，则会产生发花、起云等缺陷。

如果喷涂过程中喷枪移动速度太快，会造成漆膜厚度不够、遮盖力差，若是金属漆还会产生发花、起云等缺陷。如果喷枪移动速度太慢，会造成漆膜太厚、易流挂，若是金属漆还会产生颜色太深等缺陷。根据油漆“碰撞”板件的状况决定走枪速度，保持 50% 覆盖率（压 1/2 枪），可以保证合适的油漆流量和漆膜厚度。

如果喷枪距离合适（如 15 ~ 20cm），溶剂飞逸量适中，干燥固化时间合适，则漆膜均匀，油漆湿润性好、附着力强、“融化”性好、流平性好、光泽度强。因此，合适的枪距配合比较均匀的喷枪移动速度，才能喷出合格的漆面。喷涂技巧如图 9-1 所示。

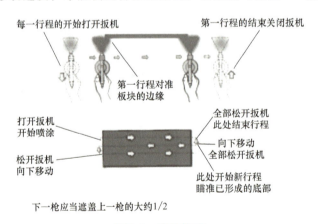

每一行程的开始打开扳机
第一行程的结束关闭扳机
第一行程对准板块的边缘
打开扳机开始喷涂
松开扳机向下移动
全部松开扳机此处结束行程
向下移动全部松开扳机
此处开始新行程瞄准已形成的底部
下一枪应当遮盖上一枪的大约1/2

图 9-1　喷涂技巧

（2）喷涂方法　大部分单工序素色漆喷涂 2 层就可达到要求的涂膜厚度和遮盖力，但有些颜色使用的颜料较为透明，遮盖力相对较差，大约需要喷涂 3 ~ 4 层才能完全遮盖，每层间都需要闪干，如果连续喷涂过厚会导致溶剂挥发时产生溶剂泡、针孔、失光等缺陷。每层之间需要闪干 5 ~ 10min。闪干时间与喷涂厚度、温度、湿度有关，可以指触工件表面非重要位置或相邻界面判断涂膜干燥程度，例如遮蔽纸或工件架上的涂膜。完成喷涂后，根据 5S 管理的要求，将喷枪等工具、材料拿出喷烤漆房。闪干 10min 左右后，开始烘烤面漆，喷烤漆房由正常气温升至烘烤所需的 60℃ 需要一定时间。单工序素色漆工件表面达到 60℃ 后保持 30min。因此，设定喷烤漆房烤漆时间时，应包括升温所需时间和烘烤所需时间。

烘烤完成后，在漆面未冷却前去除遮蔽纸、遮蔽膜、胶带。直接与漆面接触的胶带必须在漆面未冷却时去掉，以避免去除胶带时车身面漆膜与胶带表面涂膜粘连在一起，导致车身涂膜一起剥落。去除胶带时应将胶带斜向外侧 45°，像撕纸一样去除胶带，这样也可避免车漆膜同时剥落。与车漆膜不接触的遮蔽可以保留用于抛光时的保护。

9.3　技能训练

9.3.1　使用清洁剂、除油剂清洁板件表面

1. 训练准备

（1）个人防护用品　活性炭口罩、一次性乳胶手套、丁腈橡胶手套、安全鞋、防静电工作服、安全眼镜、耳塞、工作帽、供气式面罩。

（2）工件　已做好底层、已喷完中涂底漆的门板或翼子板 1 件。

（3）工具　除油剂喷壶 1 个、水性清洁剂喷壶 1 个、门板支架或翼子板支架 1 台、粘尘布。

（4）清洁遮蔽材料　清洁除油布，5 张/人；除油剂，例如 PPG 公司的 P850-14（快干，适用于气温较低时及板块修补）、P850-1402（慢干，适用于气温较高时），用于喷涂前对底材上的污物做彻底清洁；清洁剂 P273-901，用于清除油渍、污渍及硅酮物等。

2. 训练要求

1）正确穿戴个人防护用品，做好个人安全防护。

2）掌握废弃物的分类，熟练掌握防火要求。

3）理解 5S 管理要求，按 5S 管理要求进行操作。

3. 基本操作步骤

操作步骤描述：按要求穿戴个人防护用品→检查工具、耗材是否齐全→清洁除油→粘尘。

（1）按要求穿戴个人防护用品并检查工具、耗材是否齐全　穿好防静电工作服，工作服不宜过紧，也不宜过于肥大，穿着合适、活动自如即可。安全鞋要合脚。检查工件时可以戴一次性乳胶手套或棉线手套；清洁除油时必须戴一次性乳胶手套或丁腈橡胶手套；调配中涂底漆时需要戴一次性乳胶手套或丁腈橡胶手套。打磨过程中由于干磨设备振动会产生噪声和粉尘，需佩戴耳塞做好耳朵的防护。除油清洁时需佩戴呼吸面罩或活性炭口罩。

（2）清洁除油　喷涂面漆前需要对板件表面清洁除油。对于溶剂型面漆（油性漆），只需用溶剂型除油剂进行清洁除油；对于水性面漆，则需要使用溶剂型除油剂和水性清洁剂两种材料进行除油清洁。是先用水性清洁剂还是先用溶剂型除油剂，具体应根据不同品牌油漆使用说明中的操作要求进行。

除油方法：

1）先使用清洁剂均匀喷洒在板件表面，并在清洁剂未挥发干燥前用清洁布擦干；再使用溶剂型喷壶将除油剂均匀喷洒在板件表面，使油脂溶解，并在除油剂未挥发干燥前使用清洁布擦干。

2）取清洁布使用水性清洁剂湿润后擦湿板件表面，使油脂等污物溶解，然后用另一块

89

干燥的清洁布擦干板件上的清洁剂，再使用清洁布以此方法完成整个板件的除油工作。

　　擦湿板件表面后除油剂会溶解污物，用干布擦除除油剂，污染物就能被擦除掉。除油剂过少或挥发过快就起不到溶解油脂的作用了。

　　（3）粘尘　将粘尘布展开，轻轻地拉伸然后重新折叠或团成一团，再对工件表面擦拭粉尘。粘尘如图 9-2 所示。

图 9-2　粘尘

9.3.2　使用遮蔽材料完成面漆喷涂前遮蔽

　　1. 训练准备

　　（1）个人防护用品　防尘口罩、棉纱手套、一次性乳胶手套、丁腈橡胶手套、安全鞋、防静电工作服、安全眼镜、耳塞、工作帽、供气式面罩。

　　（2）工件　已做好底层、已喷完中涂底漆的门板或翼子板 1 件。

　　（3）工具　费斯托无尘干磨系统 1 套（配备偏心距为 3mm 和 6mm 的打磨机）、炭粉指示盒 1 套、原子灰刮板、清洗槽或不锈钢盆 1 个、毛刷 1 个、普通垃圾桶 1 个、防火垃圾桶 1 个、除油剂喷壶 1 个、水性清洁剂喷壶 1 个、红外线烤灯 1 台、搅拌原子灰的比例尺、门板支架或翼子板支架 1 台、打磨材料工作台、粘尘布。

　　（4）清洁遮蔽材料　清洁除油布，5 张/人；遮蔽胶带，2 卷/人；除油剂，例如 PPG 公司的 P850-14、P850-1402；清洁剂 P273-901；遮蔽纸分配架配置有不同尺寸的遮蔽纸。

　　2. 训练要求

　　1）正确穿戴个人防护用品，做好个人安全防护。

　　2）掌握废弃物的分类，熟练掌握防火要求。

　　3）理解 5S 管理要求，按 5S 管理要求进行操作。

　　4）能使用遮蔽材料完成面漆喷涂前遮蔽。

　　5）熟练掌握遮蔽材料及遮蔽方法。

　　3. 基本操作步骤

　　操作步骤描述：按要求穿戴个人防护用品→检查工具、耗材是否齐全→清洁除油→遮蔽

　　（1）按要求穿戴个人防护用品并检查工具、耗材是否齐全　参照 9.3.1 所述内容。

　　（2）清洁除油　喷涂面漆和遮蔽前需要对板件表面清洁除油。除油剂的选择和除油方法与 9.3.1 相同。

　　（3）遮蔽　在遮蔽之前应将车辆的各个部位清洁干净，然后用除油剂将车辆或工件需

要粘贴遮蔽胶带的部位以及附近位置清洁一遍。应避免饰条、橡胶条等部位有美容蜡或油脂等污染物，以免造成胶带粘接不好，使喷涂面漆时胶带脱落，导致油漆喷到饰条上。有些部位的部件如果能拆卸，最好拆掉，如门把手、前风窗玻璃清洗喷嘴等。为了不影响喷烤漆房的使用效率，减少对喷烤漆房内部环境的影响，面漆前的遮蔽工作在喷烤漆房外的遮蔽工位完成。遮蔽如图 9-3 所示。

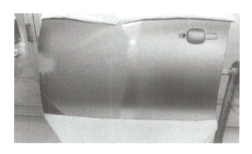

图 9-3　遮蔽

9.3.3　使用喷枪完成素色漆整板喷涂

1. 训练准备

（1）个人防护用品　活性炭口罩、一次性乳胶手套、丁腈橡胶手套、安全鞋、防静电工作服、安全眼镜、耳塞、工作帽、供气式面罩。

（2）工件　已完成中涂底漆打磨、清洁除油的门板或翼子板 1 件。

（3）工具　门板支架或翼子板支架 1 台、粘尘布、专用面漆喷枪 1 把（重力式，1.3～1.4mm 口径喷嘴）、电子秤、调漆比例尺、125μm 网眼尼龙过滤网（推荐）。

（4）色漆　喷涂的面漆使用 PPG 2K 漆，品牌代码为 ERL5，表面效果为亮光，用量（根据板件面积）为 200g/m³。本次给出 100g 漆的配方：

1）P425-900（白），38g。

2）P425-948（黑），10.3g。

3）P425-957（坚蓝），1.0g。

4）P420-930（发红蓝），15.7g。

5）P190-3762K（调和清漆），35g。

2. 训练要求

1）正确穿戴个人防护用品，做好个人安全防护。

2）掌握废弃物的分类，熟练掌握防火要求。

3）理解 5S 管理要求，按 5S 管理要求进行操作。

4）熟练掌握中涂底漆的烘烤要求和打磨要点。

5）熟练掌握面漆、清漆的调配。

6）熟练掌握面漆、清漆的喷涂技巧。

3. 基本操作步骤

操作步骤描述：按要求穿戴个人防护用品→检查工具、耗材是否齐全→检查板件有无尘点→粘尘→喷涂面漆。

（1）按要求穿戴个人防护用品并检查工具、耗材是否齐全　参照 9.3.1 所述内容。

（2）检查板件有无尘点并粘尘　将粘尘布展开，轻轻地拉伸然后重新折叠或团成一团，再对工件表面擦拭粉尘。

（3）喷涂面漆

1）试喷。将调配好的色漆装入水性漆专用喷枪中，调整好扇面、出漆量、气压等参数，然后在试喷纸上进行试喷。喷枪参数调整和喷枪喷涂测试如图 9-4 所示。

a) 喷枪参数调整　　　　　　　　　　　b) 喷枪喷涂测试

图 9-4　喷枪参数调整和喷枪喷涂测试

2）喷涂。参照 9.2.2 所述内容完成单工序素色漆的喷涂。

项目 **10**

双工序素色漆喷涂

10.1　双工序素色漆整板喷涂

10.1.1　喷枪的选择与调整知识

1. 喷枪的分类

喷枪是涂装作业人员的重要工具。喷枪分为空气压力喷枪和无气压力喷枪两种，工作原理都是利用压力雾化涂料。汽车修理厂技师常用的喷枪是空气压力喷枪，空气压力喷枪又分为重力式喷枪和吸力式喷枪。重力式喷枪（上罐）如图 10-1 所示。吸力式喷枪（下罐）如图 10-2 所示。按空气压力的大小空气压力喷枪可分为传统高气压喷枪和低压喷枪。空气压力喷枪利用压缩空气雾化涂料。

图 10-1　重力式喷枪（上罐）　　　　图 10-2　吸力式喷枪（下罐）

根据工件面积、作业量、要求的涂层涂装质量、涂层涂料的种类、喷漆技师的工作习惯，以及法规条例对 VOC 排放的要求，合理选择喷涂方式及喷涂工具。油性涂料含有 VOC，VOC 主要通过二氧化碳散发到大气中，根据环境保护的要求，应降低汽车修补漆及商用车喷涂时 VOC 的产生和排放。为了减少排放以及节省资源，必须根据现有技术水平采用适当的喷涂方法（使用喷枪），确保涂料的传递效率（即涂料的有效利用率）。要求喷枪的油漆传递效率不低于 65%，即经喷涂后，喷出的油漆最少 65% 必须被喷涂在工件上。例如汽车修补漆时使用的重力式喷枪，既可以使用 HVLP 这种传递效率特别高、环保的雾化技术，也可以使用能达到同样传递效率的 RP（低流量中气压）雾化技术。油漆传递效率如图 10-3 所示。

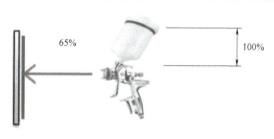

图 10-3　油漆传递效率

2. 喷枪的工作原理与选用

（1）喷涂方法的种类　以压力高低分类，喷涂方法可分为以下 5 种类型。

1）超高压力无气喷涂：涂料压力为 150~300bar，利用涂料的压力雾化。

2）超高压力空气辅助喷涂：涂料压力为 50~150bar，利用涂料的压力雾化。

3）传统高气压喷涂：高流量、高气压，进气压力为 4bar，风帽气压为 2.5bar，喷幅约为 25cm，耗气量为 370L/min，利用压缩空气雾化。

4）省漆高效喷涂（RP）：进气压力为 0.5~2.4bar，风帽气压约为 2bar，喷幅约为 25cm，耗气量为 290L/min，利用压缩空气雾化。

5）环保省漆喷涂（HVLP）：进气压力为 0.5~2.4bar，风帽气压最高为 0.7bar，喷幅约为 25cm，耗气量为 430L/min，利用压缩空气雾化。

（2）雾化技术的种类　目前按照雾化方式的不同，雾化技术主要分为传统雾化技术、HVLP 雾化技术和 RP 雾化技术。针对不同的涂料种类，我们需要采取相应的雾化技术，以便得到更好的雾化效果和传递效率。

空气雾化是指利用压缩空气将可喷涂的材料打碎成细小粒子，同时传递（喷出）到工件表面的过程。空气雾化如图 10-4 所示。

传递效率是指油漆经喷涂后，附着在被喷涂物件表面上形成涂膜的油漆量与全部耗用油漆总量的比例。

$$传递效率 = (工件上附着的涂料量) \div (喷出的涂料总量) \times 100\%$$

传递效率示意图如图 10-5 所示。

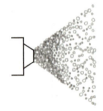

图 10-4　空气雾化

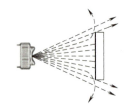

图 10-5　传递效率示意图

雾化颗粒测试：喷枪距离测试表面 15cm，喷枪与测试表面呈 90°，扣动扳机，保持匀速正常横向走枪，观察雾化颗粒是否大小均匀。如果出现深色斑点或大块的云雾状，可以适当增加进气压力，持续测试直到涂料雾化颗粒大小相对统一。涂料雾化颗粒大小的均匀度如图 10-6 所示。

图 10-6　涂料雾化颗粒大小的均匀度

1）传统雾化技术。高流量高气压，空气帽中的空气压力为 3.0bar，气场紊乱。优点：具有较佳的雾化效果、较优的涂层质量。缺点：耗气量大，涂料反弹多，传递效率低。因为环保的要求，目前使用的地区较少。因过度雾化，传递效率低，一般低于 45%。涂料粒子在 7~10μm。涂装品质好。传统喷枪的雾化曲线如图 10-7 所示。传统喷枪图 10-8 所示。

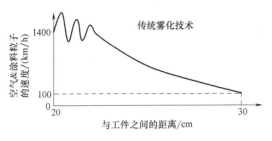

图 10-7　传统喷枪的雾化曲线

图 10-8　传统喷枪

2）HVLP 雾化技术。高流量低气压，喷涂压力为 1.75bar。优点：具有很高的传递效率，有效减少过喷。缺点：耗气量大，操作速度慢，雾化颗粒相对较粗。空气帽中的空气压力为 0.7bar，气场较平稳，涂料粒子速度较慢，传递效率超过 65%。涂料粒子在 12～15μm。涂装品质好。HVLP 喷枪的雾化曲线如图 10-9 所示。HVLP 喷枪如图 10-10 所示。

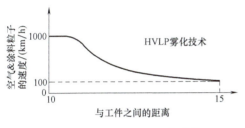

图 10-9　HVLP 喷枪的雾化曲线

图 10-10　HVLP 喷枪

3）RP 雾化技术。低流量中气压。优点：雾化细腻，传递效率高，耗气量低。其介于传统雾化技术与 HVLP 雾化技术之间，是比较受推崇的一种雾化技术。空气帽中的空气压力为 1.5bar，气场较平稳，涂料粒子的速度接近传统雾化技术，传递效率超过 65%，涂料粒子在 9～12μm。涂装品质较好。RP 喷枪的雾化曲线如图 10-11 所示。RP 喷枪如图 10-12 所示。

95

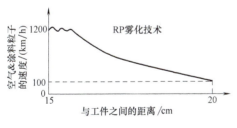

图 10-11　RP 喷枪的雾化曲线

图 10-12　RP 喷枪

总结：HVLP 喷枪、RP 喷枪的涂料传递效率高，雾化效果好，涂装品质好。HVLP 喷枪、RP 喷枪、传统喷枪示意图如图 10-13 所示。

3. 喷枪的喷嘴

1）空气帽将压缩后的气体导入涂料流进行雾化形成喷幅。空气帽款式不同，尺寸形状不同，形成不同的喷幅造型。

2）喷嘴与空气帽结合完成并控制喷枪的雾化，喷嘴尺寸大小控制涂料吐出量。重力式喷枪的基本结构如图 10-14 所示。

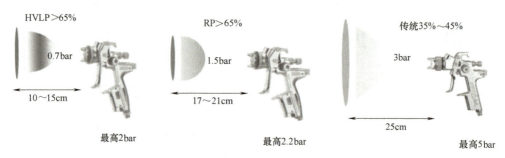

HVLP>65%　　0.7bar　10~15cm　最高2bar

RP>65%　　1.5bar　17~21cm　最高2.2bar

传统35%~45%　　3bar　25cm　最高5bar

图 10-13　HVLP 喷枪、RP 喷枪、传统喷枪示意图

3）喷嘴尺寸的选择：稀薄物料、黏度低、吐出量小，使用尺寸较小的喷嘴；物料厚重、黏度高、吐出量大，使用尺寸较大的喷嘴。空气帽的结构如图 10-15 所示。喷嘴如图 10-16 所示。喷嘴型号的标示如图 10-17 所示。

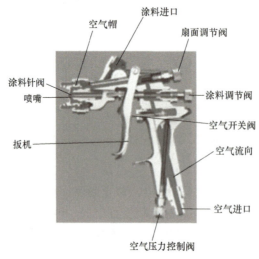

空气帽　涂料进口　扇面调节阀

涂料针阀　喷嘴　涂料调节阀　空气开关阀　空气流向　空气进口

扳机

空气压力控制阀

图 10-14　重力式喷枪的基本结构

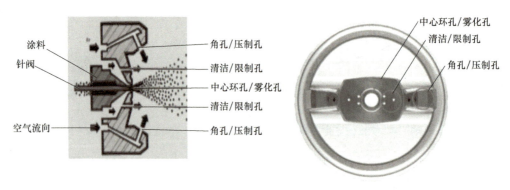

涂料　针阀　空气流向

角孔/压制孔　清洁/限制孔　中心环孔/雾化孔　清洁/限制孔　角孔/压制孔

中心环孔/雾化孔　清洁/限制孔　角孔/压制孔

图 10-15　空气帽的结构

10.1.2　双工序素色漆整板喷涂的方法

（1）喷涂技巧　如果喷涂时喷枪距离喷涂表面太远（如 30~40cm），在喷涂涂料的过程中，被雾化的涂料溶剂挥发较快，使喷涂在工件表面的漆膜成形较差、聚结性差、造成干喷

涂料孔
空气孔

图 10-16　喷嘴

图 10-17　喷嘴型号的标示

现象，使漆面干且粗糙。如果喷涂的是清漆，清漆的光泽度会降低。如果喷涂时喷枪距离喷涂表面太近（如 5～10cm），会在面板上喷涂太多的溶剂含量高的油漆，则被雾化的溶剂挥发较慢，造成漆膜厚度不够，固体含量低，干燥固化慢。因聚结性好，漆膜比较湿，溶剂不易挥发而被截留在漆膜中，可能产生漆膜萎缩、流挂等。如果喷涂的是金属漆，则会产生发花、起云等缺陷。

如果喷涂过程中喷枪移动速度太快，会造成漆膜厚度不够、遮盖力差，若是金属漆还会产生发花、起云等缺陷。如果喷枪移动速度太慢，会造成漆膜太厚、易流挂，若是金属漆还会产生颜色太深等缺陷。根据油漆"碰撞"板件的状况决定走枪速度，保持 50% 覆盖率（压 1/2 枪），可以保证合适的油漆流量和漆膜厚度。

如果喷枪距离合适（如 15～20cm），溶剂飞逸量适中，干燥固化时间合适，则漆膜均匀，油漆湿润性好、附着力强、"融化"性好、流平性好、光泽度强。因此，合适的枪距配合比较均匀的喷枪移动速度，才能喷出合格的漆面。

（2）喷涂方法　大部分单工序素色漆喷涂 2 层就可达到要求的涂膜厚度和遮盖力，但有些颜色使用的颜料较为透明，遮盖力相对较差，需要喷涂 3～4 层才能完全遮盖，每层间都需要闪干，如果连续喷涂过厚会导致溶剂挥发时产生溶剂泡、针孔、失光等缺陷。每层之间需要闪干 5～10min。闪干时间与喷涂厚度、温度、湿度有关，可以指触工件表面非重要位置或相邻界面判断涂膜干燥程度，例如遮蔽纸或工件架上的涂膜。色漆闪干后的表面呈亚光，如果色漆表面未完全呈亚光，说明闪干不彻底。等完全闪干后，检查色漆表面有无瑕疵、灰尘以及飘落的漆尘，将粘尘布展开，轻轻地拉伸然后重新折叠或团成一团，对工件表面擦拭粉尘。完成粘尘处理后，调试已加入调配好清漆的喷枪，调整好扇面、出漆量、气压等参数，然后在试喷纸上试喷清漆。调整好喷枪完成试喷后，可正常喷涂板件。喷涂第一遍清漆后也需要闪干 5～10min，闪干过程也是清漆流平的过程。可以指触工件表面非重要位置或相邻界面判断涂膜干燥程度，例如遮蔽纸或工件架上的涂膜。闪干后的清漆表面不粘手时，可进行第二遍清漆喷涂。完成第二遍清漆喷涂后检查有无漏喷，如果有漏喷的部位，可在闪干之前进行补喷。完成喷涂后，根据 5S 管理的要求，将喷枪等工具、材料拿出喷烤漆房。闪干 10min 左右后，开始烘烤面漆，喷烤漆房由正常气温升至烘烤所需的 60℃ 需要一定时间。单工序素色漆工件表面达到 60℃ 后保持 30min，因此，设定喷烤漆房烤漆时间时，应包括升温所需时间和烘烤所需时间。

烘烤完成后，在漆面未冷却前去除遮蔽纸、遮蔽膜、胶带。直接与漆面接触的胶带必须在漆面未冷却时去掉，以避免去除胶带时车身面漆膜与胶带表面涂膜粘连在一起，导致车身涂膜一起剥落。去除胶带时应将胶带斜向外侧45°，像撕纸一样除去胶带，这样也可避免车漆膜同时剥落。与车漆膜不接触的遮蔽可以保留用于抛光时的保护。

<h1 style="text-align:center">10.2 普通银粉漆整板喷涂</h1>

10.2.1 普通银粉漆整板喷涂的方法

整板喷涂溶剂型双工序银粉漆前需佩戴合适的防护面具，按照底色漆的调配比例要求，添加合适的稀释剂，搅拌均匀后用专用过滤网过滤底色漆并装入枪罐中。一般使用枪嘴口径为 1.3～1.4mm 的重力式喷枪（上罐式）。喷枪具体的设定参数应参照涂料厂商的产品资料及喷枪厂商的产品使用说明。喷涂色漆时，先对中涂底漆的部位喷涂 1～2 层色漆，预先遮盖中涂底漆，然后对整板喷涂 2 层底色漆，每层之间需要闪干 5～10min，闪干后再喷涂下一层。观察色漆的表面光泽，降至亚光时即可喷涂下一层，也可以指触工件表面非重要位置判断涂膜干燥程度，指触不粘时就可喷涂下一道面漆。不可连续喷涂过厚，这会导致溶剂挥发时产生气泡、针孔、失光等缺陷。对于色漆涂膜中的脏点或者微小瑕疵，可在色漆完全闪干后，使用 P1000 精磨砂棉进行精细打磨处理，或使用 P1500～P2000 水砂纸进行湿磨处理。处理完后对处理的部位补喷色漆遮盖打磨部位，使其与周围颜色一致。正确的喷涂方式可保证铝片均匀排列，具有正侧面闪光效果，即在某些角度观察有闪光，在另外一些角度观察则暗淡。汽车制造商利用这一特点强化其车体的风格。银粉底色漆具有很好的遮盖力，通常只需喷涂两道即可达到全面遮盖。色漆喷涂如图 10-18 所示。

图 10-18 色漆喷涂

最后，喷涂一遍控制层（又称为雾喷层），以便使喷涂颜色与原厂车漆颜色更为接近。喷涂时，将喷涂气压表的气压参数调低，出漆量调小（出漆量旋钮比设定的出漆量调小 1 圈左右），枪距拉远至 20～25cm，枪速放慢到 30～40cm/s，采用 1/2 重叠均匀雾喷一遍。色漆喷涂完成如图 10-19 所示。

10.2.2 普通银粉漆颜色的影响因素

（1）施工环境和方法 施工环境必须清洁、无污染，压缩空气必须无水和油污，具有合适的

图 10-19 色漆喷涂完成

喷房风速（0.3~0.5m/s）、施工黏度（16~20s，涂-4 杯）、喷涂距离（15~25cm）、喷枪运行速度（30~60cm/s）和喷涂压力（4~5bar），并有雾化性能好的喷涂工具，以使涂料达到最佳的雾化效果。

（2）温度和湿度　干燥的漆膜是在溶剂挥发过程中形成的，在这个过程中溶剂的作用是控制涂膜使其形成流动特性。如果溶剂挥发太快，那么涂膜就不会流平，也不会对底材有足够的湿润性，因而不能产生很好的附着力；如果溶剂挥发过于迅速，会导致快速冷却，使涂膜表面空气中的水分子冷凝，造成涂膜发白；如果溶剂挥发过慢，不仅会延长干燥时间，同时也会因流挂而使涂层厚薄不均。

（3）底材的平整光滑度　底材的平整光滑度对漆膜外观有很大的影响。不平整光滑的底材反射光线时易出现明暗间隔，使反射光线不能集中，成像不清晰，给人感觉亮度不强。而且，在平面上易发现缺陷，曲面进入人眼的视线面狭窄，易遮盖曲面缺陷。

（4）粗糙度　此因素包括底材封闭不严、有颗粒杂质、砂纸痕，以及漆膜烘烤过程中产生的针孔、气泡等方面。表面粗糙易造成光线反射率低，影响整车的涂膜光泽。使用致密的中涂底漆可减少底材对面漆树脂的吸收，使用黑色的中涂打磨指示层能够很好地消除底材的针孔、砂纸痕等缺陷。保证环境和底层无杂质颗粒、底材平滑无污染、面漆涂料没有混入不溶物、涂料对底材湿润性好、无过分厚涂现象才能降低涂膜的粗糙度。

（5）涂层厚度　中涂底漆填料含量较大，对面漆树脂有一定的吸收能力，只有面漆达到一定的厚度，才能减少中涂底漆对面漆的影响。薄的涂层可能光泽度高，但丰满度较差，所以应采用高固体分、不流挂条件下可厚涂的涂料。涂膜达到一定的厚度才能显示出较好的丰满度。

（6）桔皮　在汽车工业中，在高光泽度的表面上可以看到桔皮，即亮暗区域交错的波状结构。选择合适的黏度、喷涂距离、喷枪运行速度、喷涂压力、漆雾雾化状态、重叠方式等，才能形成流平性好的漆膜外观。

（7）漆雾　漆雾是指涂装过程中飘浮的漆雾落在干燥的漆膜表面，干燥后形成的絮状物。漆雾将直接影响漆膜表面的光泽度、雾影和鲜映性，降低漆膜的装饰性能。

10.3　清漆喷涂

10.3.1　清漆材料知识

清漆是不含着色物质的涂料，由树脂和溶剂，或者树脂、油和溶剂配制而成。清漆涂于物体表面后溶剂挥发，树脂或树脂和油干燥后形成透明、光滑的薄膜，能显出物体原有的花纹或颜色。清漆易干耐用，并能耐酸和油腐蚀，可刷、可喷、可烤，可形成具有保护、装饰或特殊性能的涂膜。将清漆加入颜料就配制成色漆，也叫磁漆。

汽车的清漆层不但能增加漆的亮度和反光度，而且可以保护色漆层。清漆层的厚度一般为 35~45μm，分为自干型和烘干型。原厂涂装时一般采用高温烤漆，烘烤温度在 120~160℃，时间为 30min。自干型清漆既能在室温下自然干燥，也能低温烘烤，烘烤温度为50~70℃，一般用于维修行业。清漆一般具有减少紫外线照射的保护功能，可有效延缓色漆的老化。目前，原厂采用的清漆材料主要为高温固化的单组分漆——聚氨酯或聚酯，修补漆常用的清漆材料主要为自然固化的双组分丙烯酸酯类。

10.3.2　清漆的喷涂方法

双工序素色漆、银粉漆、珍珠漆，三工序珍珠漆都是快干、高固体分的带色涂膜，所有底色漆都需罩清漆以提供亮度和耐久性。色漆喷涂完成后，闪干 5~10min，直至色漆表面呈均匀的亚光，喷涂清漆。将清漆与固化剂按 2∶1 的比例调配，添加 5%~10% 的稀释剂，充分混合均匀并过滤后装入枪罐中。混合后的清漆在气温 20℃ 时，应在 6~8h 内使用，如果添加的是快干固化剂，则应在 4~5h 内使用。

使用传统喷枪时，重力式喷枪的口径为 1.3~1.6mm，吸力式喷枪的口径为 1.4~1.8mm，喷涂压力（枪尾压力）为 3.0~3.5bar。

使用 HVLP 喷枪时，重力式喷枪的口径为 1.4~1.6mm，吸力式喷枪的口径为 1.6~1.8mm，喷涂压力为 1.5~2bar。

使用 RP 喷枪时，重力式喷枪的口径为 1.4~1.6mm，吸力式喷枪的口径为 1.6~1.8mm，喷涂压力为 1.5~2bar。

将闪干后的色漆表面进行粘尘处理，选择喷枪后对喷枪进行调整，在试喷纸上试喷，观察喷枪调整的结果。清漆的喷涂方法和中涂底漆基本相同，一般为 2~3 层全湿单层。在喷涂第一层清漆时，走枪速度要均匀，当第一层喷涂完成后闪干 5~10min，可以指触测试，至拉丝状态再喷涂第二层。喷涂第二层时走枪速度可以稍慢，以形成有饱满感的涂层。但过慢也易形成流挂。喷涂完成后加温烘烤，各烘烤温度（金属表面温度）下的烘烤时间如下：70℃ 时烘烤 20min；60℃ 时烘烤 30min；50℃ 时烘烤 60min。

10.4　技 能 训 练

10.4.1　使用喷枪完成素色漆或银粉漆整板喷涂

1. 训练准备

（1）个人防护用品　一次性乳胶手套、丁腈橡胶手套、安全鞋、防静电工作服、安全眼镜、耳塞、工作帽、供气式面罩。

（2）工件　已喷完中涂底漆且已完成打磨的翼子板 1 件。

（3）工具　除油剂喷壶 1 个、水性清洁剂喷壶 1 个、红外线烤灯 1 台、翼子板支架 1 台、粘尘布、专用面漆喷枪 1 把（重力式，1.3~1.4mm 口径喷嘴）、专用清漆喷枪 1 把（重力式，1.3~1.6mm 口径喷嘴）、电子秤、调漆比例尺、125μm 网眼尼龙过滤网（推荐）、水性漆吹风枪 1 把。

（4）清洁遮蔽材料　清洁除油布，5 张/人；遮蔽胶带，2 卷/人；除油剂，例如 PPG 公司的 P850-14、P850-1402；清洁剂 P273-901。

（5）喷涂面漆　使用 PPG 水性漆，品牌代码为 5DRAB，用量（根据板件面积）为 200g/m^2。色母的知识与特性见"项目 12　调色"。

2. 训练要求

1）正确穿戴个人防护用品，做好个人安全防护。

2）掌握废弃物的分类，熟练掌握防火要求。

3）理解 5S 管理要求，按 5S 管理要求进行操作。

4）熟练掌握面漆的调配比例。

5）熟练掌握面漆的喷涂技巧。

3. 基本操作步骤

操作步骤描述：按要求穿戴个人防护用品→清洁、除油、粘尘→喷涂面漆。

（1）按要求穿戴个人防护用品　穿好防静电工作服，工作服不宜过紧，也不宜过于肥大，穿着合适、活动自如即可。安全鞋要合脚。检查工件时可以戴一次性乳胶手套或棉线手套；清洁除油时必须戴一次性乳胶手套或丁腈橡胶手套。清洁除油、喷涂双工序素色漆时需佩戴呼吸面罩或活性炭口罩。

（2）清洁、除油、粘尘　喷涂面漆前需要对工件表面清洁除油。对于溶剂型面漆（油性漆），只需用溶剂型除油剂进行清洁；对于水性面漆，则需要使用溶剂型除油剂和水性清洁剂两种材料进行除油清洁。先用水性清洁剂还是先用溶剂型除油剂，具体应根据不同品牌油漆使用说明中的操作要求进行。

1）先使用清洁剂均匀喷洒在工件表面，并在清洁剂未挥发干燥前用清洁布擦干；再使用溶剂型喷壶将除油剂均匀喷洒在工件表面，使油脂溶解，并在除油剂未挥发干燥前使用清洁布擦干。

2）取清洁布使用水性清洁剂湿润后擦湿工件表面，使油脂等污物溶解，然后用另一块干燥的清洁布擦干工件上的清洁剂，再使用清洁布以此方法完成整个工件的除油工作。

3）将粘尘布展开，轻轻地拉伸然后重新折叠或团成一团，再对工件表面擦拭粉尘。

（3）喷涂面漆　使用水性漆仍需要注意劳动防护，选择合适的防静电工作服、安全鞋、耐溶剂手套、供气式面罩等。

将调配好的色漆经纸漏斗过滤后装入水性漆专用喷枪中，调整好扇面、出漆量、气压等参数，然后在试喷纸上进行试喷。

参照 10.1.2 和 10.2.1 所述内容完成素色漆或银粉漆的整板喷涂。

10.4.2　使用喷枪完成清漆整板喷涂

1. 训练准备

（1）个人防护用品　防尘口罩、活性炭口罩、供气式面罩、棉纱手套、一次性乳胶手套、丁腈橡胶手套、安全鞋、防静电工作服、安全眼镜、耳塞、工作帽。

（2）工件　已局部修补喷涂银粉漆的翼子板 1 件。

（3）工具　红外线烤灯 1 台、翼子板支架 1 台、清漆喷枪。

（4）清洁遮蔽材料　清洁除油布，5 张/人；遮蔽胶带，2 卷/人；除油剂，例如 PPG 公司的 P850-1401、P850-1402；清洁剂 P273-901。

（5）清漆　清漆 200g（按比例调配）。

2. 训练要求

1）正确穿戴个人防护用品，做好个人安全防护。

2）掌握废弃物的分类，熟练掌握防火要求。

3）理解 5S 管理要求，按 5S 管理要求进行操作。

4）熟练掌握使用喷枪完成清漆整板喷涂的步骤和方法。

3. 基本操作步骤

操作步骤描述：按要求穿戴个人防护用品→检查板件→清漆喷涂→加温烘烤。

（1）按要求穿戴个人防护用品　例如防尘口罩、活性炭口罩、棉纱手套、一次性乳胶手套、丁腈橡胶手套、安全鞋、防静电工作服、安全眼镜、耳塞、工作帽等。

（2）检查板件　检查已喷涂银粉漆的翼子板，查看有无漏喷、漆雾、尘点、喷花等现象。

（3）喷涂清漆

1）根据当地温度，选择合适的清漆、固化剂、稀释剂。

2）调配清漆时，清漆、固化剂、稀释剂的添加比例应适当（应根据生产商提供的配方合理添加）。调配后，应充分搅拌，混合均匀。

3）调试装有清漆的喷枪，调整其气压、出漆量、喷幅（扇面）等参数。喷枪调整参数见表10-1。喷枪如图10-20所示。

表 10-1　喷枪调整参数

喷枪口径	1.2~1.3mm		
推荐一	SATAjet 5000-110, RP, 1.3mm		
参数	气压	出漆量	扇面
	3.0~4.0bar	2 圈	全开
推荐二	DeVilbiss TT-GTT-13		
参数	气压	出漆量	扇面
	3.0~4.0 bar	3 圈	全开

SATAjet 5000, RP 喷枪

图 10-20　喷枪

4）在准备好的试喷纸上试喷。

5）喷涂板件时，先喷涂板件四周第一折边外边缘，然后按由上至下的次序喷涂。走枪速度要均匀，喷幅重叠要一致。喷涂完第一遍后闪干 5~10min。

6）漆面闪干后，指触板件第一折边外漆面判断干燥情况，如果表面不粘手就可喷涂第二遍。与喷涂第一遍时相同，先喷涂板件四周第一折边外边缘，然后正常喷涂板件表面。喷涂完第二遍后闪干 5~10min。

7）漆面闪干后，检查清漆是否有漏喷、遮盖不严等现象。如果有漏喷或遮盖不严，可补喷一遍。喷涂完第二遍后闪干 10~20min，可加温烘烤。

注意：第一遍喷涂后，一定要进行合理闪干。闪干时间短，易出现鱼眼、痱子、桔皮大等缺陷；闪干时间长，则使清漆的饱满度下降。

（4）加温烘烤　完成喷涂后，根据5S管理的要求，将喷枪等工具、材料拿出喷烤漆房。闪干10min左右后，开始烘烤面漆，喷烤漆房由正常气温升至烘烤所需的60℃需要一定时间。单工序素色漆工件表面达到60℃后保持30min。因此，设定喷烤漆房烤漆时间时，应包括升温所需时间和烘烤所需时间。

10.5　技能考评：面漆前打磨、面漆喷涂

面漆前打磨评分表见表10-2。面漆喷涂评分表见表10-3。

表 10-2   面漆前打磨评分表

测 量 分 评 分 表

项目名称　汽车涂装　　　　　　　　　　　　　　　考评日　＿＿＿＿＿＿

　　　　　车门皮原子灰施工　　　　　　　　　　　　选手号　＿＿＿＿＿＿

子配分说明　面漆前打磨(打磨工位评分)　　　　　　子模块号　＿＿＿＿＿＿

评分细则编号	最大分值	评分细则描述	规定或标称值	结果或实际值	实际得分
O1	15	全程穿戴防护眼镜、耳塞、安全鞋和工作服;除油时戴活性炭防护口罩和耐溶剂手套;打磨时佩戴防尘口罩和棉纱手套;错误 1 次扣 3 分 小面积快速(3min 内)补充打磨时戴乳胶手套,短时间摘除手套检查,短时间摘除眼镜擦干净眼镜或检查工件,均不计为错误			
O2	15	使用原子灰或者填眼灰填眼,扣 5 分;使用偏心距不是3mm 的打磨头,扣 3 分;从未使用打磨指示层,扣 4 分			
O3	20	工件除尘清洁操作不规范,未使用打磨机配百洁布吸尘或者用清洁布擦除灰尘后再吹尘,导致吹起大量灰尘污染工作环境,每次扣 4 分			
O4	35	电泳底漆区域,正面 3 个角度均可见 1 类桔皮,每 1cm(最长边)扣 3 分;喷涂中涂底漆区域,正面 3 个角度均可见 1 类桔皮,每 1cm(最长边)扣 3 分。正面 3 个角度均可见 2 类桔皮,每 1cm(最长边)扣 1 分;2 个角度可见的桔皮(3 类桔皮),不扣分 第一折边,每 1cm 粗糙(最长边)扣 1 分 磨穿至金属:正面,每 1cm(最长边)扣 3 分;第一折边,每1cm(最长边)扣 1 分 磨穿但未至金属:1cm 以下不扣分;正面,每 1cm(最长边)扣 1 分;第一折边,每 1cm(最长边)扣 2 分 瑕疵未磨除(包括残留原子灰)或瑕疵磨出的羽状边不规范等(因电泳底漆起泡等缺陷,打磨后露出的点状瑕疵不计):单独点状,每点扣 1 分;片状或划痕,最长边每 1cm 扣3 分 第一折边外侧未打磨,每条边扣 3 分,不足 1 条边,按照百分比扣分 筋线上 1 类桔皮按照 2 类扣分,筋线上 2 类桔皮不扣分			
O5	15	申请评分时,工件表面有明显的灰尘、炭粉残留,每 5cm×5cm 扣 3 分 操作结束后,各种工具、工作台未恢复原状,每种扣 3 分 每次使用完时将产品包装盖盖好,每次未盖或不及时扣3 分 砂纸、百洁布等可继续使用的耗材放置于指定回收位置,错误扣 3 分 非严重错误:物料包装罐、打磨头、手刨摔落地面但未损坏,扣 4 分 严重错误:物料包装罐、打磨头、手刨摔落地面,导致除油剂溢出,或打磨头、手刨等工具损坏,扣 5 分 采用喷涂法或擦湿法清洁除油			

　　　　　　100　　　子模块分值　　　　　　　　　实际得分

表 10-3　面漆喷涂评分表

测 量 分 评 分 表

项目名称	汽车涂装		考评日	
	车门皮喷涂		选手号	
子配分说明	面漆喷涂		子模块号	

评分细则编号	最大分值	评分细则描述	规定或标称值	结果或实际值	实际得分
M1	15	全程穿工作服及佩戴供气式面罩；全程戴乳胶（薄）手套；喷涂面漆后应戴乳胶手套搬运；喷涂面漆前戴耐溶剂手套或棉纱手套搬运均不计为错误；错误 1 次扣 3 分			
M2	25	不粘尘扣 5 分；新的粘尘布未充分展开后再叠起来或者团起来粘尘，扣 4 分			
M3	25	喷涂前，工件上有残留研磨灰尘（裁判可戴乳胶手套指触确认），每 5cm×5cm 扣 3 分			
M5	35	对裸露金属区域使用自喷罐防锈底漆修补，遗漏 1 片扣 3 分			
		喷涂过程中出现打磨、擦除，缺陷补喷（如补喷鱼眼），使用吹风枪吹色漆表面，使用吹风枪或者喷枪吹清漆漆面等不规范操作，1 次扣 3 分			
		面漆喷涂结束后，工具未恢复原状，每种扣 2 分 每次使用完未及时将产品包装盖盖好，喷枪放置到地面上，每次扣 3 分 非严重错误：物料包装罐、喷枪等摔落地面但未损坏，扣 3 分 严重错误：物料包装罐、喷枪等摔落地面导致物料溢出或工具损坏，扣 5 分；第二次调配面漆色漆，扣 15 分			

　　　　100　　　子模块分值　　　　　　　　　实际得分

深色面漆抛光

11.1 深色面漆抛光前打磨工艺

漆面喷涂完成且干燥后，难免会有尘点颗粒、桔皮、轻微流挂、划痕等小缺陷，在喷涂时因遮蔽不严飞落在旧漆面的漆尘颗粒等，以及新旧漆膜的过渡区域，需要进行漆面抛光才能使漆面更加光亮平滑。另外，旧漆面长期受阳光、风沙雨雪等环境的侵蚀影响，只靠简单的清洗无法恢复漆膜的光亮度和平滑度，因此只能靠抛光工序的处理才能消除漆面的缺陷，达到原有的光彩和靓丽。修补后抛光是为了去除漆膜上的颗粒和不规整的物体，使漆膜更加平整、光滑。

1）用去污力强的漆面清洗剂清洗板件或整车，并应避免颗粒灰尘在研磨中造成新划痕。

2）在抛光前先用 P1000～P1200 水砂纸蘸水包小橡胶衬块，将尘点、流挂、桔皮等轻轻打磨至平整（注意不能磨穿漆层），再用振幅为 3mm 的打磨机（使用 P1500 或 P2000 号砂纸）干打磨或湿打磨尘粒和流挂物。手工打磨也可以去除缺陷。

3）先采用研磨机（电动或气动）加上粗研磨蜡，对水砂纸的痕迹进行粗磨，再加上细研磨蜡进行细研磨。

11.2 抛   光

经过打磨后，选用合适的抛光机，配合抛光剂，对打磨后的车身进行细致抛光。研磨蜡和抛光剂用于油漆工序的最后一道精致修饰。

研磨蜡的作用：消除桔皮，恢复光泽；消除尘粒和划痕等缺陷。

抛光剂的作用：消除表面"云雾"和非常细微的划痕，使表面平整、光滑，产生滴水不沾、纤尘不染的感觉。

（1）抛光 采用机械抛光机，加上镜面处理剂，抛去粗研磨蜡留下的旋印，达到漆膜镜面抛光的效果。

（2）手工上光 抛光结束后，擦净抛光剂，立即用棉纱蘸上光剂把抛光部位全部擦一遍，再用干棉纱擦净多余的上光剂，使漆面光亮似镜。

注意：不要把车板边角抛伤，所以应使用合适的抛光轮——羊毛轮或海绵轮（适用于双组分或原厂漆）。抛光轮必须保持干净，防止沾污和擦伤漆膜。抛光机的海绵轮保持与漆面相切，角度要小于 30°，同时保持转速、力度适中，按一定的顺序进行抛光。

11.2.1 深色面漆抛光工艺流程

1）安全防护。穿戴防静电工作服、安全鞋、防尘口罩、护目镜、耳塞、手套等。

2）检查需打磨漆面的缺陷部位。

3）检查抛光垫是否清洁。车身或板件一定要干净、干燥。抛光机有电动和气动两种，抛光时一定要选择合适的抛光机。抛光机的转速可调，抛光时应以最佳转度（1200~2100r/min）沿圆形轨迹进行抛光。

4）在海绵轮上或车漆表面涂布抛光材料。

5）抛光开始时，先使用较低的转速和较低的压力，可避免抛光剂因高速旋转飞溅出去。将抛光剂在板面涂布均匀后，将抛光机的速度逐渐调高，并且保持移动，避免金属过热变形和漆面灼伤。抛光机先慢速运转，然后逐步加速至1500~2100r/min。不停移动抛光机，并保持转速、力度适中，按一定的顺序进行抛光。

6）抛光结束后洗去剩余的抛光剂，防止沾污和划伤漆面。使用清水洗净板件表面检查抛光质量，擦干车身后再检查，必要时手工抛光消除瑕疵。

7）除去遮蔽材料，使用清水清洗，最后擦干车身。

11.2.2　深色面漆抛光相关知识

抛光机的抛光轮分为羊毛轮和海绵轮。

（1）羊毛轮　羊毛轮最适合高效磨削，消除P1200或更细的砂纸痕。

（2）海绵轮　海绵轮用于消除P1500~P2000的砂纸痕和羊毛轮的螺旋痕。使用抛光剂可消除漆面上的粗抛光痕迹，使漆面光滑、闪亮，并可消除所有细微的研磨痕迹。新的漆膜上不要使用含硅的抛光剂。

（3）手工抛光　手工抛光用于消除抛光机留下的螺旋痕，一般使用柔软的布、厚绒毛巾或柔软的抛光垫。

（4）小型抛光机　使用小型抛光机有助于消除螺旋痕，即使用小型海绵轮慢速抛光。

（5）漆面产生抛光螺旋痕的原因　漆膜没有完全固化就研磨、抛光；抛光机的压力或转速太高；使用太粗的研磨蜡或氨类研磨蜡；使用不合适的抛光剂；使用硬的或脏的抛光布。

（6）抛光螺旋痕的预防措施　待漆膜完全固化后再研磨、抛光；机器抛光时压力要尽量小，转速要适当；研磨蜡和抛光剂的型号和规格要正确；抛光布一定要柔软、干净。

（7）抛光剂　抛光剂制造厂会提供抛光的系列产品，品种多样，以满足最终用户的各种需要。

1）粗抛光剂：适用于中等大小的桔皮，小的流挂和脏点。

2）中粗抛光剂：适用于小桔皮、小脏点、粗漩涡状痕迹、漆雾。

3）细抛光剂：适用于漩涡状痕迹、漆雾、轻度氧化。

4）上光剂：增加光泽。

11.3　技能训练

11.3.1　深色面漆抛光前打磨

1. 训练准备

1）个人防护用品。

2) 深色面漆且已喷涂清漆的车门或车门板 1 件。

3) 干磨砂纸及辅料。

4) 中央集尘干磨系统或带吸尘装置的干磨机。

2. 训练要求

能使用打磨垫、打磨机及砂纸等打磨辅料完成抛光前打磨，能使用抛光机、抛光盘及抛光剂去除浅色面漆的斑点、桔皮等缺陷。

3. 基本操作步骤

操作步骤描述：穿戴个人防护用品→检查板件表面→遮蔽非抛光区域→打磨。

1) 穿戴个人防护用品。按要求穿戴防护工作服、防尘口罩、普通棉手套、耳塞、工作帽等。

2) 检查板件表面。检查板件表面有无流挂，桔皮、尘点、细小的划痕等缺陷。

3) 遮蔽非抛光区域。根据非抛光区域的面积选择合适的遮蔽纸，遮蔽抛光区域外的非抛光区域。

4) 打磨。对于涂层表面的粗粒、细微砂纸痕、流痕等缺陷，可以用小打磨垫块蘸肥皂水磨去尘粒和流挂物。此方法适用于色浆、清漆和纯色面漆。在抛光前先用 P1000～P1200 水砂纸蘸水包于小橡胶衬块内，将缺陷处轻轻打磨至平整（注意不能磨穿漆层），再用振幅为 3mm 的打磨机干打磨或湿打磨尘粒和流挂物，也可以使用 P1500 或 P2000 砂纸手工打磨或机器湿打磨去除缺陷。

11.3.2　使用抛光机抛光

1. 训练准备

1) 个人防护用品。

2) 车门或车门板 1 件。

3) 抛光机。

4) 羊毛轮、海绵轮、抛光剂。

2. 训练要求

使用抛光机及抛光剂去除浅色面漆表面的脏点、桔皮等缺陷。

3. 基本操作步骤

操作步骤描述：准备→检查工件→遮蔽非抛光区域→抛光→抛光后检查。

1) 准备。穿戴防静电工作服、安全鞋、防尘口罩、护目镜、耳塞、普通棉手套等。

2) 检查工件。检查需打磨漆面的缺陷部位。

3) 遮蔽非抛光区域。清洁抛光区域，遮蔽非抛光区域。

4) 检查抛光机。

5) 检查抛光垫是否清洁，并选择合适的抛光速度（1200～2100r/min）进行抛光。

6) 在海绵轮上或车漆表面涂布抛光材料。参照 11.2.1 所述内容。

7) 抛光后检查。参照 11.2.1 所述内容。

8) 清洁。参照 11.2.1 所述内容。

4. 考评

汽车喷漆项目车漆修复评分表见表 11-1。

表 11-1　汽车喷漆项目车漆修复评分表

考生号		开始时间		完工时间		得分	
顺序	内　容	序号	要　求			标准分	扣分
一	准备工作（2分）	1	检查首饰等饰品、口罩、围裙的穿戴			2分	
二	漆面清洁（3分）	1	粘土去污			3分	
三	水砂纸处理（15分）	1	正确使用 均匀程度 划痕去除			15分	
四	研磨操作、抛光操作（65分）	1	水斑、飞漆			5分	
		2	砂纸痕			10分	
		3	桔皮			10分	
		4	表面划痕			10分	
		5	旋纹虚光			8分	
		6	抛漏底漆			8分	
		7	漆面整体光泽度（参考亮度仪）			6分	
		8	过度修复（参考磨厚测试仪）			8分	
五	安全与管理（15分）	1	安全操作，避免操作不当带来损伤或隐患			10分	
		2	场地清理，工具归位			5分	

裁判员签名　　　　　　　　　　实际扣分　　　　分

11.4　涂膜外观要求和相关影响因素

11.4.1　面漆的喷涂要求

对面漆的要求：着色均匀，颜色一致，流平性好，光泽饱满。对面漆喷枪的要求：雾化精细，可喷出镜面般亮丽的效果及宽阔均匀的喷幅，提高工作效率；耗气量低，降低成本，减少污染。漆膜的外观要求：不允许有能识别的补漆痕，不允许有砂纸痕存在，不允许有针孔、流痕存在，不允许有露底、起泡、剥落、碰划伤、水印等缺陷；漆膜颜色与标准色板一致，不应有目视色差；用色差仪测定，漆膜颜色与标准色板的色差应不大于 1.0，油漆车身颜色与外饰件的色差应不大于 1.5。按照 GB/T 1766—2008《色漆和清漆 涂层老化的评级方法》的规定，色差值不大于 1.5 时目测可认为无变色。通常在现场可以使用便携式色差仪测量色差。便携式色差仪如图 11-1 所示。

图 11-1　便携式色差仪

要保证汽车漆膜的外观效果,首先要使用高固体分、流平性好、可厚涂、高光泽度和雾影小的涂料。在施工过程中要保证底层平整光滑、无杂质颗粒、桔皮小、无漆雾等,才能保证漆膜丰满、鲜映性高。

11.4.2　涂料方面的影响因素

（1）光泽度　光泽度是指物体表面接近理想镜面对入射光的反射能力的程度,可用光泽度仪测得。光泽度仪如图 11-2 所示。

（2）雾影　雾影用于评价涂层的清晰程度。雾影越小,反射光束越集中,观察到的物像就越清晰;雾影越大,反射光束越宽,观察到的物像就越模糊。它主要与涂料的树脂及溶剂的混溶性、颜料的分散效果、助剂的选择相关。有的涂料光泽度虽然不高,但是雾影小,给人的感觉反而光亮如镜。

图 11-2　光泽度仪

（3）耐溶剂性　涂料体系的交联密度是影响涂膜耐溶剂性的主要因素。

（4）耐擦伤性　耐擦伤性是指涂膜在受到外力作用时,形成对外力的抵抗能力、变形吸收能力。但溶剂擦拭过程中,易破坏涂膜,造成失光、变色等现象。

（5）流平性　要保证涂膜的丰满度,必须要求涂料具有低黏度、高固体分、可厚涂及喷涂后流平性好的特点。

11.4.3　涂装工艺方面的影响因素

（1）施工环境和方法　施工环境必须清洁、无污染,压缩空气必须无水和油污,具有合适的喷房风速（0.3~0.5m/s）、施工黏度（16~20s,涂-4 杯）、喷涂距离（15~25cm）、喷枪运行速度（30~60cm/s）和喷涂压力（4~5bar）,并有雾化性能好的喷涂工具,以使涂料达到良好的雾化效果。

（2）温度和湿度　干燥的漆膜是在溶剂挥发过程中形成的,在这个过程中溶剂的作用是控制涂膜使其形成流动特性。如果溶剂挥发太快,那么涂膜就不会流平,也不会对底材有足够的湿润性,因而不能产生很好的附着力;如果溶剂挥发过于迅速,会导致快速冷却,使涂膜表面空气中的水分子冷凝,造成涂膜发白;如果溶剂挥发过慢,不仅会延长干燥时间,同时也会因流挂而使涂层厚薄不均。

（3）底材的平整光滑度　底材的平整光滑度对漆膜外观有很大的影响。不平整光滑的底材反射光线时易出现明暗间隔,使反射光线不能集中,成像不清晰,给人感觉亮度不强。而且,在平面上易发现缺陷,曲面进入人眼的视线面狭窄,易遮盖曲面缺陷。

（4）粗糙度　此因素包括底材封闭不严、有颗粒杂质、砂纸痕,以及漆膜烘烤过程中产生的针孔、气泡等方面。表面粗糙易造成光线反射率低,影响整车的涂膜光泽。使用致密的中涂底漆可减少底材对面漆树脂的吸收,使用黑色的中涂打磨指示层能够很好地消除底材的针孔、砂纸痕等缺陷。保证环境和底层无杂质颗粒、底材平滑无污染、面漆涂料没有混入不溶物、涂料对底材湿润性好、无过分厚涂现象才能降低涂膜的粗糙度。

（5）涂层厚度　中涂底漆填料含量较大,对面漆树脂有一定的吸收能力,只有面漆达到一定的厚度,才能减少中涂底漆对面漆的影响。薄的涂层可能光泽度高,但丰满度较差,所以应采用高固体分、不流挂条件下可厚涂的涂料。涂膜达到一定的厚度才能显示出好的丰满度。

（6）桔皮　在汽车工业中，在高光泽度的表面上可以看到桔皮，即亮暗区域交错的波状结构。选择合适的黏度、喷涂距离、喷枪运行速度、喷涂压力、漆雾雾化状态、重叠方式等，才能形成流平性好的漆膜外观。

（7）漆雾　漆雾是指涂装过程中飘浮的漆雾落在干燥的漆膜表面，干燥后形成的絮状物。漆雾将直接影响漆膜表面的光泽度、雾影和鲜映性，降低漆膜的装饰性能。

模 拟 试 卷

汽车车身涂装修复工（中级）理论知识试题（考试时间 90 分钟）

一、判断题：判断对错，对的打"√"，错的打"×"（30 道题，每题 1 分，共 30 分）

1. 表面预处理质量的好坏将直接影响涂层质量。　　　　　　　　　（　　）
2. 白色、灰色和黑色等无色彩色的饱和度最低。　　　　　　　　　（　　）
3. 附着力的强弱仅与涂料品种质量有关。　　　　　　　　　　　　（　　）
4. 镀锌钢板在涂装前没必要进行前处理。　　　　　　　　　　　　（　　）
5. 喷涂的因素对素色漆颜色变化的影响比较大。　　　　　　　　　（　　）
6. 塑料制品喷涂施工时，不需要对其表面进行打磨、清洁。　　　　（　　）
7. 素色漆在喷涂后会出现侧面色调的效果。　　　　　　　　　　　（　　）
8. 防腐底漆的作用是提供附着力和填充凹陷。　　　　　　　　　　（　　）
9. 磷化底漆成膜较厚，可单独作为底漆使用。　　　　　　　　　　（　　）
10. 磷化底漆只有双组分涂料。　　　　　　　　　　　　　　　　　（　　）
11. 素色漆也叫纯色或实色漆。　　　　　　　　　　　　　　　　　（　　）
12. 喷涂金属漆前，要把调好的金属漆搅拌均匀。　　　　　　　　　（　　）
13. 素色漆一般都使用单工序喷涂的工艺，这样既方便快捷，又省时省工。（　　）
14. 白色在使用了一段时间后会变得稍黄。　　　　　　　　　　　　（　　）
15. 异氰酸酯对水、油敏感性极强，因此要求压缩空气洁净而干燥。　（　　）
16. 原子灰打磨后，应用除油剂清洁，以避免附着力不佳。　　　　　（　　）
17. 清漆涂层的厚薄对最后的颜色不会产生影响。　　　　　　　　　（　　）
18. 刮涂第一层腻子时，刮刀相对于底材的倾斜角度以 30°为宜。　　（　　）
19. 普通腻子可以直接用在镀锌板上。　　　　　　　　　　　　　　（　　）
20. 局部修补时，应清除损坏部位的旧涂层，并处理成羽边状。　　　（　　）
21. 腻子是一种以颜料、填充料、树脂、催干剂调配而成的呈浆状的材料。（　　）
22. 汽车修补用的腻子要有较好的耐溶剂性和耐湿性，否则会引起涂层起泡。（　　）
23. 硝基腻子常用于刮涂中涂底漆上的小砂孔。　　　　　　　　　　（　　）
24. 腻子主剂与固化剂混合不均匀容易产生固化不均匀、附着力差、起泡、剥落等现象。　　　　　　　　　　　　　　　　　　　　　　　　　（　　）
25. 刮涂第二层腻子以填平为主要作用，不求光滑。　　　　　　　　（　　）

26. 按一定方向进行研磨，使涂层不出现明显砂纸痕是砂纸研磨的基本要求。喷涂作业必须在喷烤漆房内进行，以防止灰尘等杂质落入湿漆膜。　　　　　　　　　（　　）

27. 抛光时要根据不同的要求选择不同的抛光盘。　　　　　　　　　　　　（　　）

28. 抛光主要是为了增加涂膜的光泽度、平滑度及丰满度。　　　　　　　　（　　）

29. 蜡质保护膜的作用主要是反射阳光中的紫外线，降低其对漆膜的破坏性。（　　）

30. 如果车身表面上的涂料已氧化，必须清除氧化层后才能打蜡。　　　　　（　　）

二、单选题：题中只有一个答案是正确的（40 道题，每题 1 分，共 40 分）

1. 环氧树脂和固化剂反应时，是通过直接（　　）来进行的。

A. 化学反应　　　　　　　B. 加成反应　　　　　　　C. 聚合反应

2. 颜料是有色涂料制造中必不可少的原料，它能使涂层具有一定的（　　）。

A. 遮盖力　　　　　　　　B. 溶解力　　　　　　　　C. 分解力

3. 影响颜料反射条件的是（　　）。

A. 分散程度　　　　　　　B. 颜料的物理性质　　　　C. 颜料的物理性质和分散程度

4. 颜色的三种参数是色调、饱和度（或纯度）和（　　）。

A. 亮度　　　　　　　　　B. 色彩　　　　　　　　　C. 色差

5. 颜料颗粒的大小决定着颜料的（　　）。

A. 溶解力　　　　　　　　B. 特性　　　　　　　　　C. 分解力

6. 颜料细度的提高，可加强颜料的亮度和（　　）。

A. 主色调　　　　　　　　B. 溶解力　　　　　　　　C. 分散度

7. 喷枪气帽上辅助气孔的作用是促进（　　）。

A. 吸出涂料　　　　　　　B. 涂料雾化　　　　　　　C. 涂料流量

8. 喷烤漆房的气流运行一般采用（　　）。

A. 上行式　　　　　　　　B. 平行式　　　　　　　　C. 下行式

9. 喷枪的气帽中心气孔是（　　）的。

A. 圆形　　　　　　　　　B. 方形　　　　　　　　　C. 环形

10. 涂装时，喷雾的流向应尽量与物体表面（　　）。

A. 呈 90°　　　　　　　　B. 呈 35°　　　　　　　　C. 呈 45°

11. 汽车修补涂装中，喷烤漆房温度一般调节到使被烘烤物体表面温度达到（　　）。

A. 50℃为宜　　　　　　　B. 70℃为宜　　　　　　　C. 80℃为宜

12. 目前使用最多的腻子刮涂工具是（　　）。

A. 金属刮具　　　　　　　B. 牛角刮具　　　　　　　C. 塑料刮具

13. 目前普遍采用的喷涂方法是（　　）。

A. 纵行重叠喷涂法　　　　B. 横行重叠喷涂法　　　　C. 纵横交替喷涂法

14. 远红外辐射干燥的时间是热空气对流干燥的（　　）。

A. 1/4　　　　　　　　　　B. 1/2　　　　　　　　　　C. 1/10

15. 氧化铝磨料研磨时不易破裂和钝化，非常（　　）。

A. 坚硬　　　　　　　　　B. 坚韧　　　　　　　　　C. 软

16. 金刚砂的磨料穿透力（　　）。

A. 极高　　　　　　　　　B. 极低　　　　　　　　　C. 差

17. 砂纸的粗细用（　　）。

A. 英文表示　　　　　　B. 拉丁文表示　　　　　　C. 阿拉伯数字表示

18. 水砂纸是涂装常用的砂纸之一，其尺寸大小约为（　　）。

A. 23cm×28cm　　　　　B. 18cm×24cm　　　　　　C. 26cm×32cm

19. 对于一般的常规打磨，将水砂纸竖横裁成砂纸大小的（　　）。

A. 1/2　　　　　　　　　B. 1/4　　　　　　　　　　C. 1/8

20. 海绵打磨垫适用于处理（　　）。

A. 腻子　　　　　　　　B. 底涂层　　　　　　　　C. 漆面

21. 喷烤漆房喷涂时空气流速最好控制在（　　）。

A. 0.6～0.8m/s　　　　B. 0.05～0.1m/s　　　　　C. 0.3～0.6m/s

22. 喷涂某种涂料时，必须戴供气式面罩，因这种涂料含有（　　）。

A. 醇酸　　　　　　　　B. 异氰酸酯　　　　　　　C. 硝基

23. 必须戴供气式面罩的条件是空气中的氧含量低于（　　）。

A. 20.5%　　　　　　　B. 20%　　　　　　　　　　C. 19.5%

24. 在调色中喷涂试板时，应使用（　　）。

A. 医用面具　　　　　　B. 防尘面具　　　　　　　C. 防毒面具

25. 当溶剂不慎溅入眼中时，应采取的对策是（　　）。

A. 用软纸等擦拭眼睛　　B. 立即去医院处理　　　　C. 立即用水冲洗眼睛

26. 下列称为原色的是（　　）。

A. 红、白、蓝　　　　　B. 红、黄、白　　　　　　C. 红、黄、蓝

27. 在孟塞尔色相环中，色调分为5个主色调：红、黄、绿、蓝和（　　）。

A. 灰　　　　　　　　　B. 白　　　　　　　　　　C. 紫

28. 颜色的属性个数是（　　）。

A. 1　　　　　　　　　　B. 2　　　　　　　　　　C. 3

29. 蓝+浅黄呈现出的颜色是（　　）。

A. 乳黄　　　　　　　　B. 翠绿色　　　　　　　　C. 橘红

30. 为了确保颜色配方的正确，配制时应测量色母的（　　）。

A. 体积　　　　　　　　B. 黏度　　　　　　　　　C. 质量

31. 明度与光源亮度有对应关系，光源亮度越高，则（　　）。

A. 明度越高　　　B. 明度越低　　　C. 明度不变

32. 表示颜色是否饱和纯洁的一种特性是（　　）。

A. 饱和度　　　　　　　B. 光亮度　　　　　　　　C. 明度

33. 下列关于素色漆调配的描述，错误的是（　　）。

A. 尽量搭配高遮盖力的色母

B. 尽量不选用低强度的色母作为主色

C. 调配白色时尽量不选择透明色母

34. 调漆人员鉴定颜色最准确的方法是用（　　）。

A. 计算机　　　　　　　B. 颜色分析仪　　　　　　C. 眼睛

35. 在对比颜色时，下列做法错误的是（　　）。

A. 对色时，光线要充足

B. 充分考虑周围的影响因素

C. 在阳光直射的情况下检查颜色

36. 甲说："调色时应检查油漆生产厂家的原配方，并使用其中所列的色母。"乙说："用库存的色漆少量添加到调配的油漆中同样可行。"你认为（　　　）。

A. 甲的说法正确　　　　　B. 乙的说法正确　　　　　C. 甲、乙的说法都正确

37. 常见的新车保护蜡"特氟龙"涂抹一次的保持时间为（　　　）。

A. 1 年　　　　　　　　　B. 6 个月　　　　　　　　C. 2 年

38. 打磨满刮腻子层时，打磨的方向主要是以车身流线型的（　　　）。

A. 垂直方向为主　　　　　B. 水平方向为主　　　　　C. 斜交叉方向为主

39. 局部修补做驳口时，甲说："喷漆至打磨区之外，可免去抛光。"乙说："必须喷涂过渡在打磨区内，最后做抛光处理。"你认为（　　　）。

A. 甲的说法正确　　　　　B. 乙的说法正确　　　　　C. 甲、乙的说法都不正确

40. 下列关于底漆的说法，错误的是（　　　）。

A. 应用底漆的目的在于改善漆膜耐蚀性和附着力

B. 磷化底漆可以同时改善漆膜附着力和防止生锈

C. 所有类型的底漆都适用于各类不同的金属表面

三、多选题：题中有多个答案是正确的（20 道题，每题 1.5 分，共 30 分）

1. 下列关于增塑剂的叙述，正确的有（　　　）。

A. 降低涂膜脆裂　　B. 增加弹性和附着力　　C. 提高耐热性　　D. 增加柔韧性

2. 对流加热干燥的特点有（　　　）。

A. 效率低　　　　　B. 涂层易起泡　　　　C. 涂层易起皱纹　　D. 烘干温度范围大

3. 红外辐射到达物体时，会出现的情况有（　　　）。

A. 被物体反射　　　B. 被物体吸收　　　　C. 透过物体　　　　D. 被物体折射

4. 根据传热方式的不同，干燥设备可分为（　　　）。

A. 对流式　　　　　B. 热辐射式　　　　　C. 感应式　　　　　D. 直导式

5. 可用于制作抛光盘的材料有（　　　）。

A. 纯羊毛　　　　　B. 人造纤维　　　　　C. 皮革　　　　　　D. 海绵

6. 研磨设备中的磨垫常采用（　　　）。

A. 五孔吸尘　　　　B. 六孔吸尘　　　　　C. 八孔吸尘　　　　D. 九孔吸尘

7. 下列关于喷枪的操作，叙述正确的有（　　　）。

A. 旋转幅度针螺钉能调节喷截面

B. 螺钉顺时针调节可以使喷截面由椭圆形截面逐渐过渡到圆截面雾状

C. 螺钉逆时针调节可以使喷截面调节到所需的椭圆形截面宽度

D. 顺时针旋转针塞调节螺钉可减少涂料喷出量

8. 下列关于气动打磨工具的优缺点，叙述正确的有（　　　）。

A. 寿命长　　　　　　　　　　　　　　　B. 质量小

C. 使用和维修费用高　　　　　　　　　　D. 安全性好

113

9. 汽车维修场所对废气排放处理的方法有 （   ）。

A. 活性炭吸附法   B. 催化燃烧法

C. 液体吸附法   D. 直接燃烧法

10. 下列防护用品中，适合喷涂工作的有 （   ）。

A. 棉纱手套   B. 护目镜

C. 呼吸面罩   D. 防静电的安全鞋

11. 降低涂料中 VOC 的方法有 （   ）。

A. 多加固化剂   B. 提高固体含量

C. 使用粉末涂料   D. 使用水性涂料

12. 调色和微调所需的工具有 （   ）。

A. 灯箱   B. 涂料公司提供的色卡

C. 比例尺   D. 电子秤

13. 关于调色的叙述，正确的有 （   ）。

A. 两种以上色调混合会产生一个新色调

B. 两种色彩的色调、饱和度相同才能认定为两种色彩相同

C. 加入不同量的白色母可以改变色彩的饱和度

D. 加入不同量的黑色母可以改变色彩的明暗程度

14. 称量色母时，下列叙述正确的有 （   ）。

A. 有把握时可以一次把数量调够，没有把握的先根据配方调出小样

B. "宁少勿多"，即对某个色母的用量没有完全把握，可以先少加点

C. 应该把电子秤放在稳固的桌面上

D. 电子秤已校正

15. 调整金属漆侧视效果的手段主要有 （   ）。

A. 选用合适的银粉组合   B. 使用银粉控色剂

C. 使用白色母   D. 使用遮盖力强的色母

16. 影响颜色的因素有 （   ）。

A. 调色能力   B. 喷涂技巧

C. 施工环境   D. 色母颜料的比例

17. 影响银粉漆颜色匹配的因素有 （   ）。

A. 稀释剂的种类   B. 稀释剂的比例

C. 喷枪的气压   D. 喷枪扇面的调节

18. 抛光剂的形态有 （   ）。

A. 粉末状   B. 软膏状   C. 稀泥浆状   D. 乳液状

19. 下列关于抛光的作用，叙述正确的有 （   ）。

A. 用于旧涂面的翻新   B. 用于新涂面的修整

C. 消除涂面的粗粒   D. 增加涂膜的光泽度和平滑度

20. 局部修补涂装的操作工序有 （   ）。

A. 涂前处理   B. 涂防腐底漆   C. 做中间涂层   D. 喷面漆

汽车车身涂装修复工（中级）理论知识试题答案

一、判断题

1. √ 2. √ 3. × 4. × 5. × 6. × 7. × 8. × 9. × 10. × 11. √ 12. √
13. √ 14. √ 15. √ 16. × 17. × 18. × 19. × 20. √ 21. √ 22. √ 23. √
24. √ 25. √ 26. √ 27. √ 28. × 29. √ 30. √

二、单选题

1. C 2. A 3. C 4. A 5. B 6. A 7. B 8. C 9. C 10. A 11. B 12. A 13. B
14. C 15. B 16. A 17. C 18. A 19. B 20. C 21. C 22. B 23. C 24. C 25. C
26. C 27. C 28. C 29. B 30. C 31. A 32. A 33. C 34. C 35. C 36. A 37. A
38. B 39. B 40. C

三、多选题

1. ABD 2. ABCD 3. ABC 4. ABC 5. ABD 6. ACD 7. ABCD 8. ABD 9. ABCD
10. BCD 11. BCD 12. ABCD 13. ACD 14. ABCD 15. ABC 16. ABCD 17. ABCD
18. ABC 19. ABCD 20. ABCD

汽车车身涂装修复工
（高级）

项目 12

调　　色

12.1　查找配方

常用的调色工具包括色母特性指南、色卡、色环图、测色仪、计算机及调色软件、电子秤等。调色工具如图12-1所示。

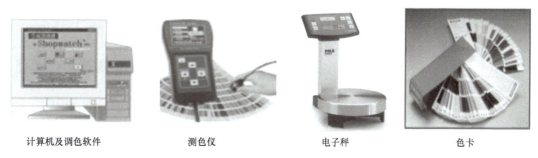

计算机及调色软件　　　　　　测色仪　　　　　　电子秤　　　　　　色卡

图 12-1　调色工具

大部分汽车制造厂商都会在车身上安装一个金属或其他材质的标牌，在标牌上注明色号。色号位置如图12-2所示。

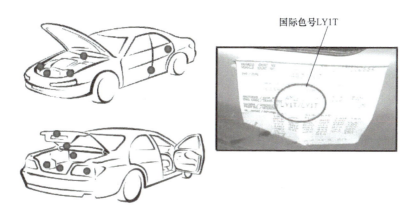

国际色号LY1T

图 12-2　色号位置

查到色号后，从色卡中找出这个色号的颜色色卡，和车身比对选择最接近的一个色卡，并依据色号查找该颜色的最接近配方。

注意：每一个颜色都有一个标准色配方及一个或多个差异色配方，标准色配方是依据该车色最早被应用时的原厂颜色制作，不同年代、批次的车辆，虽然是同一个色号，但实际上会存在多种差异色，故选择配方时切不要以为选择标准色就是最接近的，应该使用色卡比对挑选。色卡如图 12-3 所示。

对于无法查到原厂颜色代码的车辆，用色卡对比选出最接近的一个颜色，使用这个颜色代码从计算机数据库查找配方。有些涂料厂商开发了和计算机配方系统关联的测色仪（见图 12-4），可以方便快速地测出该颜色在配方系统中最接近的配方，从而大大简化调色工作。计算机调色程序页面如图 12-5 所示。

图 12-3　色卡

图 12-4　测色仪

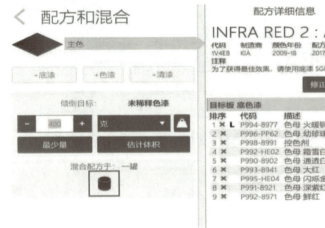
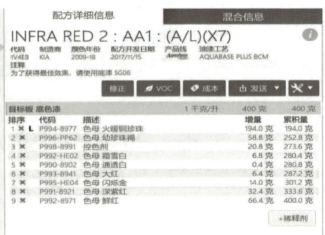

图 12-5　计算机调色程序页面

注意：颜色从鲜艳向浑浊调整相对比较容易，增加彩度则比较难，这是因为，加入的色母种类越多，颜色往往就越浑浊。所以，无论使用哪种方法选择最接近的配方，都要选择较鲜艳的配方。

12.1.1　素色色母特性知识

任何一种颜色在色环上都占有一个特定的位置，调整某个颜色的过程就是将它在色环上的位置进行移动的过程。要想调准确某个颜色，可能需要改变两个甚至全部 3 个颜色的属性才能做到。什么是颜色的属性？颜色的属性就是色调（色相）、色品（明暗度）、色度（彩度或饱和度）。颜色的属性如图 12-6 所示。

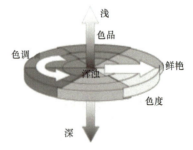

图 12-6　颜色的属性

1. 色调

色调也称为色相，是指色彩的相貌，用于区别色彩的名称或色彩的种类。色调与色彩的明暗无关，这一个特性使我们可将物体描述为红色、橙色、黄色、绿色、蓝色、紫色。色彩中最基本的颜色是红色、绿色、蓝色（加色法混合原理），它们也称为"三原色"或"三基色"。三原色无法通过其他颜色混合而获得，而其他颜色都可以用这三种颜色通过不同比例的混合而获得。在修补漆行业配色中使用的是减色混合原理，通过减色混合，三原色可以产生次级色，次级色则可以再产生三级色。三原色如图 12-7 所示。

（1）颜色分类　把可见光谱中的颜色分成主要颜色、次要颜色和第三类颜色。

1）主要颜色如图 12-8 所示。

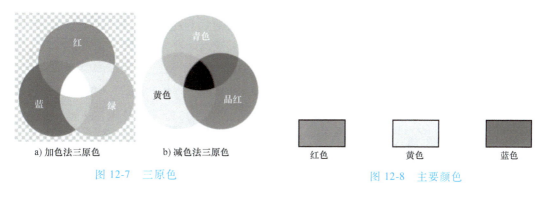

a) 加色法三原色　　　b) 减色法三原色

图 12-7　三原色　　　　　　　　图 12-8　主要颜色

2）次要颜色。任意两种主要颜色结合生成次要颜色。次要颜色如图 12-9 所示。

3）第三类颜色。第三类颜色是由任意两种次要颜色结合生成的。当颜色混合到第三类颜色时，会变得更深、更灰。第三类颜色如图 12-10 所示。

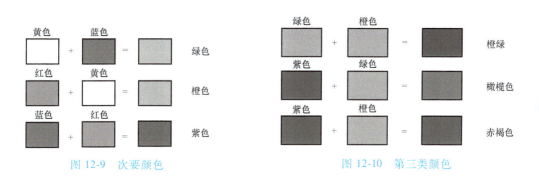

图 12-9　次要颜色　　　　　　　　图 12-10　第三类颜色

（2）色轮和色环

1）色轮是由红、橙、黄、绿、蓝、紫 6 种基本颜色组成的。色轮如图 12-11 所示。

2）色环。我们把与一种颜色相邻的两种颜色叫作它的相邻色，例如青色的相邻色是绿色和蓝色，绿色的相邻色是黄色和青色。将这些显著不同的色调相互排列可以组成一个色环，如图 12-12 所示，沿着色环的周边每向前一步，色调都会产生变化。

我们把一种颜色对面的颜色叫作它的互补色，例如红色的互补色是青色，绿色的互补色是品红色。相邻色和互补色是调色的重要依据。要增加一种颜色，一共有两种方式：一是增加它的相邻色，二是减少它的互补色。如果互补色相加，将减弱对方颜色，即变灰、变黑。当混合的基色越多，颜色就变得更深更浑浊。当三原色等量相加后则会变为黑色。

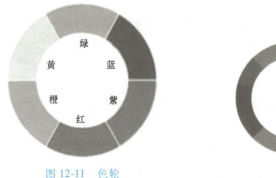

图 12-11 色轮

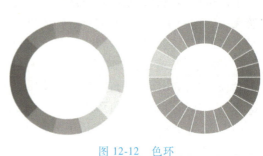

图 12-12 色环

例如我们要增加红色，既可以同时增加它的相邻色黄色和品红色，也可以减少它的互补色青色，如图 12-13 所示

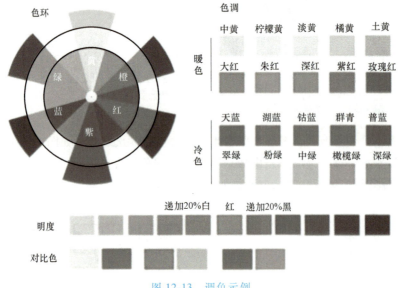

图 12-13 调色示例

2. 色品

色品也称为明暗度，是指色彩的明暗深浅程度。色品的高低，要根据其接近白色或灰色的程度决定，越接近白色色品越高，越接近灰色或黑色色品越低。色品的定义为反射光的总量与入射光的总量之比。

3. 色度

色度也称为彩度或饱和度，是指颜色的鲜艳程度。比较色度一般需要在同一色调和色品的颜色下比较。色度常用高、低、鲜艳、浑浊来描述，色度越高，颜色越纯、越艳，色度越低，颜色越涩、越浊。色度示意简图如图 12-14 所示。

4. 颜色树

颜色树如图 12-15 所示。

（1）色调 位于颜色树的外圈，定义颜色是蓝色、红色、黄色、绿色还是它们之间的颜色。

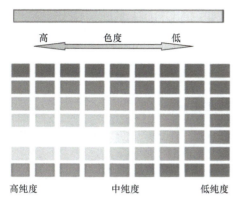

图 12-14　色度示意简图

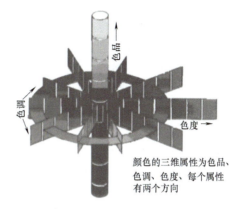

颜色的三维属性为色品、色调、色度、每个属性有两个方向

图 12-15　颜色树

（2）色品　色品表示颜色的亮或暗，颜色树的顶部最亮，底部最暗，例如粉红到深红就是由亮到暗。

（3）色度　色度用于描述颜色的纯净或浑浊；越接近颜色树的中心，颜色就变得越浑浊；越远离颜色树的中心，颜色就变得越纯净。

（4）色差　调准颜色的最难点是辨别色差。在开始调色之前必须首先确定色样和车身颜色之间的差别。

考虑色差要从三个方面入手：色调（红/绿，蓝/黄），明度（浅/深），饱和度（鲜艳/浑浊）。如图 12-16 所示，A 比 B 更浅还是深？蓝还是黄？鲜艳还是浑浊？

5. 色母特性

素色颜料色母不含金属颗粒，用于素色漆和素色纯底色漆的调配，与树脂、辅料产品、固化剂和稀释剂结合使用，能够调配出各种颜色的素色漆，有很好的遮盖力、流平性和光泽度，易于施工。调配素色漆较为常用的素色色母分为：常规浓度颜料色母，具有良好的流平性、光泽度、

判断下面两个色板的差异

深红色

浅红色

图 12-16　色差示例

膜厚和耐久性；高浓度颜料色母，用于纯色漆和纯底色漆配方中，在纯底色配方中能提供很好的遮盖。

在调色系统中都会有成套的素色颜料色母体系，各种颜色的色母特性如下。

（1）白色的色母系列

1）超级白色母：标准调色系统白色母。

2）通白色母：转换比例为 100 份通白色母等于 8.5 份超级白色母。

（2）黑色的色母系列

1）黑色母：调和黑色的主色母，稀释后比深黑色母蓝。

2）深黑色母：可以获得特别黑的效果。

3）蓝黑色母：不常用于素色漆调配。

4）通黑色母：转换比例为 100 份通黑色母等于 4.5 份黑色母。

（3）黄色的色母系列

1）泥黄色母：标准铁锈黄。

2）减浓度黄色母：转换比例为 10 份减浓度黄色母等于 1 份泥黄色母。

3）光黄色母：柠檬铬黄，比淡黄色母红。

4）阳黄色母：中铬黄，比光黄色母红。

5）淡黄色母：清绿调黄。

6）铁黄色母：不常用于素色漆调配。

7）深黄色母：清红调黄。

（4）绿色的色母系列

1）蓝绿色母：标准蓝调绿。

2）青铜色母：不常用于素色漆调配。

（5）蓝色的色母系列

1）紫色母：比发红蓝色母红。

2）湖蓝色母：通常使用量不超过 50%。

3）发红蓝色母：比坚蓝色母浊。

4）坚蓝色母：主要用于绿调蓝。

5）靓蓝色母：不常用于素色漆调配。

6）减浓度深蓝色母：转换比例为 100 份减浓度深蓝色母等于 6.2 份坚蓝色母。

（6）红色的色母系列

1）铁红色母：标准氧化中红。

2）减浓度红色母：转换比例为 100 份减浓度红色母等于 10 份铁红色母。

3）通红色母：比紫红色母清、浅。

4）橙红色母：鲜艳的红。

5）橘红色母：通常用量不大。

6）深红色母：鲜艳的清红。

7）透明铁红色母：透明、鲜艳。

8）红酒色母：转换比例为 100 份红酒色母等于 3 份紫红色母。

9）紫红色母：比通红色母深。

10）浓紫色母：不常用于素色漆调配。

11）咖啡色母：不常用于素色漆调配。

12.1.2 单工序素色漆、双工序素色漆结构知识

1. 涂料的组成

涂料，传统称为油漆，可以采用不同的施工工艺将这种材料涂布在物体或物件表面，形成黏附牢固、具有一定强度、连续的固态膜。它作为一种装饰材料，具有美化环境的作用，还具有绝缘、导电、防静电、防腐等功能。涂料一般是由下列物质构成的。

（1）成膜物质　树脂是具有黏性和透明的液体，可形成薄膜，是组成涂料的基础。它对涂料的性质起着决定作用，结合湿润颜料，提供附着力、光泽度、硬度和耐久性。树脂分为天然树脂和合成树脂。

1）天然树脂：一般是从动物和植物中提炼出来的，如虫胶、松脂等。

2）合成树脂：主要是由炼油工业提炼出来的。合成树脂又分为热塑性树脂、热固性树脂和自交键树脂。

热塑性树脂：是可还原树脂，高温时会软化，极容易被溶剂溶解。

热固性树脂：是不可还原树脂，高温时会发生化学反应，冷却后不会再受热软化，硬度好，耐溶剂性好。

自交键树脂：是不可还原树脂，加入固化剂后会发生化学反应而固化，效果同热固性树脂。

涂料中使用各种各样的树脂，不同的树脂用不同的溶剂来作为稀释剂，故不同的稀释剂应用于不同的涂料。不同的稀释剂，其所含的溶剂及其混合比各不相同，用户可以按施工的温度，选用最适合蒸发速度的稀释剂，例如快、中、慢及特慢等稀释剂。

（2）颜料　颜料是一种固体粉末状有色物质，使涂料具有遮盖力，可为涂层提供色彩、填充性、黏附力和打磨性。

1）颜料按用途可分为着色颜料、体质颜料（填料，是低折射率的白色和无色颜料，不具有着色和遮盖力。体质颜料可以提高涂料各方面的性能，在漆膜中，可用来改善涂料的流平性、不渗透性、光泽度等，也起着改善漆膜的力学性能、使漆膜坚硬耐磨等作用）、防锈颜料及特种颜料。

2）颜料按化学成分可分为无机和有机颜料。无机颜料遮盖力好、比重大、色调不鲜明。有机颜料遮盖力低、比重小、色调鲜明。

（3）分散介质（挥发物、溶剂）　分散介质包括有机溶剂和水，主要作用是使基料溶解或分散成为黏稠的液体，方便涂料的施工。在涂料施工过程中和施工完毕后，这些有机溶剂和水挥发，使成膜物质干燥成膜。

挥发物：在规定试验条件下，挥发所失去的物质。一个涂料品种既可以使用单一挥发物，也可以使用混合挥发物。

溶剂：在通常干燥条件下可挥发的，并能完全溶解漆基的单组分或双组分的液体。其作用是溶解树脂，使颜料和树脂易于混合。

溶剂以溶解力和挥发度区分。

1）真溶剂：一种能自己溶解树脂及溶纤剂的溶剂。

2）助溶剂：自己不能溶解树脂及溶纤剂，但当其与真溶剂联用时，可以提供溶解性。

3）稀溶剂：用于稀释涂料，但不能溶解树脂及溶纤剂。

（4）添加剂　添加剂的作用是帮助和加强油漆的施工性能、储存性能。

1）对涂膜性能产生作用的助剂，如柔软剂、增塑剂。

2）对生产过程发生作用的助剂，如分散剂、乳化剂。

3）对油漆施工过程起作用的助剂，如干燥剂、流平剂、防流挂剂、消泡剂。

4）提高涂料储存性能的助剂，如分散剂、防沉淀剂、稳定剂、防结皮剂等。

（5）稀释剂　稀释剂可分为底色稀释剂和 2K 稀释剂。稀释剂的作用是调节油漆的施工黏度，使其达到最佳的施工条件，施工后通过挥发干燥。

（6）固化剂

1）异氰酸酯类固化剂能和涂料中的树脂发生反应产生铰链而固化，固化后的涂层结实、坚硬，通过挥发干燥。聚氨酯类固化剂主要用于面漆和底漆。面漆和底漆所用的异氰酸酯类固化剂是不同的，用于底漆的固化剂不能用于面漆，否则易发黄。

2）环氧固化剂是对涂料产生促干作用的物质，通常用在侵蚀底漆内，属于化学干燥型。

3）过氧化物可和聚酯原子灰反应，从而促使其干固，属于化学固化型。用于聚酯原子灰的固化剂是有机过氧化物，可以引发径向的交联。这类固化剂包括过氧化苯酰、过氧化丁酮和过氧化环己酮。

2. 涂料的干燥方式

（1）自然干燥　自然干燥是指喷涂对象在自然环境下干燥，适用于热塑性树脂和自交链树脂型油漆的干燥。交联固化的涂料有单组分风干型涂料、硝基改性或热塑性丙烯酸涂料，目前类似产品有单组分硝基底漆、2~3遍做法的色漆等。

（2）强制干燥　强制干燥的温度是80℃以下。这种方法适用于ABS等的塑料组件，因为它们在80℃以上容易变形。双组分反应型涂料（聚氨酯、丙烯酸）广泛用于汽车修补。市场上常见的2K修补涂料有丙烯酸涂料、丙烯酸聚氨酯涂料等。

（3）烘烤干燥　烘烤干燥是干燥速度最快的方法。高温固化涂料、热固化型合成树脂（如环氧、丙烯酸、醇酸改性树脂）的烘烤温度在100℃或更高，最常用的温度是120~150℃，烘烤时间为20min。烘烤干燥主要用于工业，如汽车生产厂用高温固化涂料。

3. 单工序素色漆

单工序素色漆不含金属颗粒（如铝粉等），具有良好的流平性、色彩、光泽度、硬度，以及可靠的耐久性和附着力，涂膜约为50μm。喷涂时按比例添加稀释剂，在中涂底漆层的基础上喷涂2~3层色漆，层间需闪干，完成喷涂后色漆表面不需要喷涂清漆层。

4. 双工序素色漆

双工序素色漆不含金属颗粒，由素色底色漆提供色彩、遮盖力及特殊效果。在中涂底漆层基础上喷涂2~3层色漆，层间需闪干（闪干至表面呈亚光），完成色漆喷涂后表面需要喷涂清漆层，清漆层可使其颜色更亮丽，硬度、耐候性更强。

12.1.3　银粉色母结构、特性知识

银粉色母中实际上使用的主要颜料为铝粉。铝粉的区别是颗粒粗细的大小不同、形状不同。不同形状的铝粉，反光程度不同，其正面亮度或侧面亮度也不同。银粉色母颗粒分为细（10μm）、中（20μm、30μm、40μm）、粗（50μm）。银粉颗粒的大小对颜色有一定的影响：细粒度银粉提供的正面亮度、闪光最弱；中粒度银粉通常单独使用，或与其他银粉混合；粗粒度银粉对侧光影响较大，元宝银具有深暗的侧面效果，如图12-17所示。

不同银粉色母的效果如下：

1）使用的亮银和闪银银粉颗粒越细，正面越暗，侧面越亮。

2）银粉颗粒越粗，正面就越闪亮，但侧面会越暗。

3）相比较而言，平光银的正面最黑，侧面最浅；闪银正面最亮，侧面最黑。

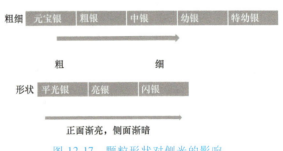

图12-17　颗粒形状对侧光的影响

12.1.4　银粉漆结构知识

银粉漆广泛使用于物体表面，其干燥后形成固体膜，起到美观和保护作用。银粉漆作为涂料的一种，同样含有：

（1）颜料　颜料是经研磨的彩色颜料粉末、自然界的矿物质或合成的化合物、颗粒状或片状铝粉，为涂层提供颜色和特殊效果及遮盖力。

（2）填料　填料是半透明的，所以遮盖力较差，用于填充、打磨、黏附、耐候和防腐。

（3）树脂　树脂是银粉漆的基础部分，对漆膜的形成、颜料的粘接、耐候性、光泽度、流变性（黏度）、黏附力起着决定作用。

（4）助剂　少量添加助剂可改善银粉漆的特性，例如：添加紫外线吸收剂可提高银粉漆的耐久性；添加流平剂可提高银粉漆的平滑性；添加防沉淀剂可防止颜料沉淀。另外，还可添加催干剂、催化剂、增塑剂等。

（5）稀释剂　稀释剂属于挥发性物质，可调节油漆的施工黏度，使其达到最佳的施工要求，改变干燥速度和层间闪干时间。其使用的种类和数量应根据银粉漆的类型、环境温度、干燥形式（风干或烘干）而定。

12.2　喷涂样板

12.2.1　面漆配方中灰度的查询方法

当面漆颜色的灰度值和中涂底漆颜色的灰度值最接近时，面漆最容易遮盖住中涂底漆，这时面漆的用量最节省，这就意味着喷涂遍数减少，就能节约喷涂时间和闪干时间，整体的喷涂施工时间自然就较短。所以，采用和面漆相同灰度值的中涂底漆是降低成本和提高效率非常好的方法。

目前涂料厂商在面漆颜色配方中提供该颜色的灰度值，方便用户根据面漆的灰度值选择合适灰度的中涂底漆，如图 2-18 所示。

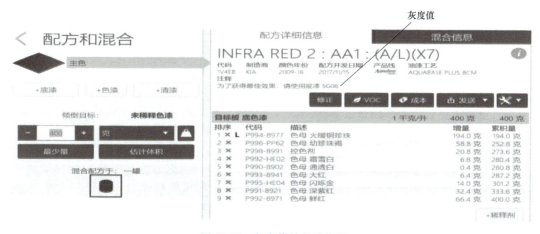

图 12-18　灰度值的显示位置

如果配方中不显示面漆的灰度值，也可以根据面漆的色调和明度来选择中涂底漆的灰度值。

12.2.2 单工序素色漆喷涂样板的方法

（1）样板灰度的选择 为确保喷涂样板和喷涂车辆的条件一致，在喷涂样板时最好使用已喷涂好不同灰度的中涂底漆或具有灰度的样板。样板的灰度如图12-19所示。

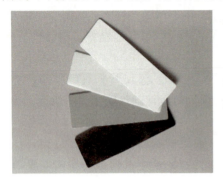
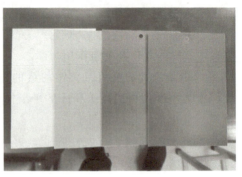

图 12-19 样板的灰度

（2）样板喷涂 喷枪的调整和喷涂样板的手法需与喷涂车辆或板件时一致。通常喷涂两层，并且要等喷涂的样板涂层干燥后再比较颜色。为了使颜色更准确，清漆也要按照喷涂车辆同样的喷法，以避免因为清漆膜厚、亮度、流平不同影响对颜色的比较。注意：素色漆调色可以用调漆尺把湿涂料拿出来与车身样板比色，湿态的素色涂料比其他样板颜色会更艳丽、明亮，但干燥后亮度和彩度都会下降一些。所以对于素色漆，也建议在调色的最后阶段采用喷涂样板比色，以准确判断颜色的差异。样板喷涂如图12-20所示。

图 12-20 样板喷涂

12.2.3 银粉漆颜色的影响因素

影响银粉漆颜色的因素包括以下几方面：

（1）环境条件 环境温度高时银粉漆颜色较浅、较亮，环境温度低时银粉漆颜色较深、较暗。环境明亮时银粉漆颜色较浅、较亮，环境阴暗时银粉漆颜色较深、较暗。

（2）施工因素 在喷涂施工中，如果喷涂时移动喷枪速度快、喷涂道数少、稀释剂干燥太快、清漆层太薄，银粉漆颜色就会浅；如果喷涂时移动喷枪速度慢、喷涂道数多、稀释剂干燥太慢、清漆层太厚，银粉漆颜色就会深。

（3）工具设备因素　喷涂时空气压力高、喷枪口径小、雾化不良、喷枪的喷幅大、出漆量小，银粉漆颜色就会浅；喷涂时空气压力低、喷枪口径大、雾化过度、喷枪的喷幅小、出漆量大，银粉漆颜色就会深。

（4）其他因素　在喷涂施工中，如果银粉漆黏度太低、层间闪干时间太短、喷枪距板件的喷涂距离太远、涂膜较薄，银粉漆颜色就会浅；如果银粉漆黏度太低、层间闪干时间太短、喷枪距板件的喷涂距离太远、涂膜较薄，银粉漆颜色就会深。

总之，施工条件、喷涂手法、喷涂环境都能对银粉漆颜色产生显著的影响。

喷涂按照不同的施工条件和喷涂手法可以归纳为干喷和湿喷两种类型。

1）干喷：喷涂后银粉颗粒主要排列在上层，并且排列较平。

干喷效果：正面相对较明亮，侧面相对较暗；银粉颗粒显得较粗；颜色彩度较低。

2）湿喷：喷涂后银粉颗粒主要排列在下层，并且呈竖排。干喷和湿喷的银粉排列如图 12-21 所示。

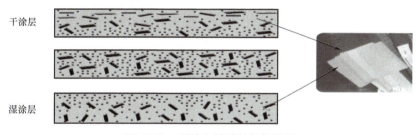

图 12-21　干喷和湿喷的银粉排列

湿喷效果：正面相对较暗，侧面相对较亮；银粉颗粒显得较细；颜色彩度较高。湿喷的银粉颜色效果如图 12-22 所示。

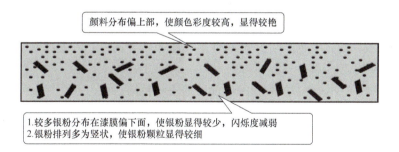

图 12-22　湿喷的银粉颜色效果

施工条件、喷涂手法、喷涂环境都会对银粉的排列造成影响，从而对颜色产生很大影响。喷涂方式对干喷和湿喷的影响如图 12-23 所示。

12.2.4　普通银粉漆喷涂样板的方法

（1）样板灰度的选择　为确保银粉漆喷涂样板和喷涂车辆的条件一致，在喷涂样板时最好使用已喷涂好不同灰度的中涂底漆或具有灰度的样板。

（2）银粉漆喷涂样板　喷枪的调整和喷涂样板的手法需与喷涂车辆或板件时一致。先喷涂一层银粉漆，闪干 5~10min，至银粉漆表面呈亚光，再喷涂第二层银粉漆，喷涂完毕闪

干喷	←	喷涂方式	→	湿喷
减少	←	出漆量	→	增加
增加	←	气　压	→	减少
开大	←	喷　幅	→	关小
远	←	喷枪距离	→	近
快	←	走枪速度	→	慢
延长	←	晾干时间	→	缩短
过稀	←	稀料比例	→	不够稀
快干	←	稀料种类	→	慢干
小	←	喷枪口径	→	大

图 12-23　喷涂方式对干喷和湿喷的影响

干 5~10min，至银粉漆表面呈亚光。检查银粉漆是否达到遮盖效果，如果未完全遮盖可再喷一层，如果已经达到遮盖效果且银粉漆表面已完全呈亚光，可喷涂最后一层银粉漆。最后一层银粉漆的喷涂应采用雾喷，雾喷时调小出漆量，枪距要大一些，喷枪移动速度稍快一点。雾喷完成后，闪干 5~10min。喷涂清漆层时，也要按照喷涂车辆同样的喷涂手法进行喷涂，避免因清漆膜厚、亮度、流平等不同而影响对颜色的比较。注意：要等喷涂的样板涂层干燥后再比较颜色。

12.3　判断色差与微调添加色母

1. 判断色差

（1）确定色差　在开始调色之前必须首先确定色样和车色之间的差别，考虑色差要从三个方面入手：色调（红/绿，蓝/黄），明度（浅/深、亮/暗），饱和度（鲜艳/浑浊）。

（2）喷涂样板　确定了色差后，先不要急着添加色母调色，首先要考虑喷涂样板。喷涂样板时注意以下几点：

1）喷涂样板时的手法应与实际修复喷涂时的手法相同。

2）喷涂样板的色漆要达到足够的遮盖力。

3）层间是否达到闪干要求。

4）辨别颜色的环境是否在同种环境下，例如光线是否充足，光源对视线的影响，周围对视线的影响因素（如墙），其他车辆颜色的影响。

5）试样的颜色应在色环的何处，确定它的移动方向，以及配方中用到的色母会使试样向哪个方向移动。

6）调漆的设备是否运行良好。

（3）假如颜色不准则再次调色　在决定调色之前还要注意以下几点：

1）准备添加的色母是否正确。

2）是否参考过差异色。

3）是否考虑过特殊颜色。

4）如果不添加色母做微调，是否可以做驳口过渡。

2. 微调添加色母

添加色母应遵从微调守则。微调守则如下：

1）分析配方组成，确认限定颜料的选择，判断色差应添加的色母和色母的用量。

2）尽量采用原配方中的色母。

3）调整色品（明暗度）时，由浅到深进行调整。

4）色度（彩度或饱和度）的方向坚持从纯净到浑浊的顺序。

5）坚持喷涂，等待干燥后再比对颜色。

6）喷涂样板时的手法应与修复喷涂的手法相同，喷涂的色漆要达到足够的遮盖力。

7）辨色应以原车或目标色板为参照物。

8）微调应是最后的方案或手段。

3. 微调辅助工具

微调辅助工具有色母指南、微调色扇、色环图。

12.4　双工序面漆材料知识

1. 面漆的分类

（1）按干燥温度分类　用于汽车生产线的油漆（也就是原厂漆）为高温漆，此类油漆在温度 120~170℃下 20~30min 内产生化学反应，烘烤时间为 30min，适用于工业涂装。汽车售后服务或修理厂使用的油漆为低温修补漆，它又可分为双组分油漆和单组分油漆。双组分氨基丙烯酸磁漆的干燥方式为风干或低温烘烤（80℃以下），适用于塑料件、大型商务车。双组分反应型油漆（丙烯酸聚氨酯漆）特别适用于汽车修补和塑料、木材上漆，有良好的光泽度和耐候性。单组分油漆（硝基纤维漆或丙烯酸酯漆）在溶剂挥发后即干燥，无须加热烘烤，干燥较快，又因其低固体分材料使用量高，耐候性低，需要抛光才能得到较好的外观亮度效果，因此很少使用，目前在修理行业较多用于底漆。

（2）按面漆的颜料分类　面漆按颜料类型可分为纯色漆（添加纯色颜料）、金属漆（金属颜料、铝粉颗粒）和珍珠漆（珍珠颜料云母）。颜料是带有颜色的化合物，经过精细研磨后以粉末的形式加入油漆中，使油漆具有颜色，同时改变油漆的遮盖能力。优质的颜料具有出色的耐光性和耐候性。油漆的颜色和遮盖力不会因长时间使用而改变。

（3）按施工工序分类　由于面漆的颜料不同，面漆和施工工序也不同，因此面漆又可分为单工序面漆、双工序面漆和三工序面漆。

1）单工序面漆分为单工序纯色漆、单工序金属漆。使用单工序面漆时，喷涂同一种涂料即形成完整的面漆层，且具有光泽和耐久性。单工序面漆的颜色一般比较单调。

2）双工序面漆分为双工序纯色漆、双工序金属漆和双工序珍珠漆。使用双工序面漆，喷涂两种不同的涂料才能形成完整的面漆层。一般先喷涂色漆或金属漆，然后再喷涂罩光清漆，两种涂层结合在一起才能形成完整的面漆层。

3）三工序面漆即三工序珍珠漆。三工序珍珠漆通常是先喷一层打底色漆，然后再喷一层纯珍珠漆，最后喷罩光清漆，三个涂层结合才能形成完整的面漆层。三工序面漆的颜色效果较丰富，但工序较多，施工及修补也较复杂。

129

2. 双工序面漆的特性

双工序面漆需要两种涂层结合在一起才能形成完整的面漆层。双工序面漆层是采用双工序工艺流程喷涂完成的。

（1）单组分油漆　单组分油漆主要通过溶剂挥发固化成膜，过程是可逆的。单组分油漆加稀释剂稀释混合均匀即可直接喷涂，无须加入固化剂。

（2）双组分油漆　双组分油漆通过化学交联反应固化成膜，过程是不可逆的。双组分油漆添加固化剂的比例必须按说明书严格控制。双组分油漆喷涂前要加固化剂、稀释剂，混合均匀后方可进行喷涂。

12.5　技能训练

12.5.1　使用色卡、计算机查配方系统找出最接近的颜色配方

1. 训练准备

（1）个人防护用品　防尘口罩、活性炭口罩、棉纱手套、安全鞋、防静电工作服、安全眼镜、工作帽。

（2）目标　找出最接近的颜色配方。

（3）工具　色卡、计算机查配方系统。

2. 训练要求

1）正确穿戴个人防护用品，做好个人安全防护。

2）掌握使用色卡、计算机查配方系统找出最接近的颜色配方的方法。

3. 基本操作步骤

操作步骤描述：按要求穿戴个人防护用品→查找与目标色相同或接近的色卡→与目标色比对选定色号→从计算机查配方系统查找、选定色号的配方→整理、清洁工位。

1）按要求穿戴个人防护用品。查找颜色配方时穿戴工作服和工作帽即可，工作时佩戴护目镜。

2）仔细分辨车辆或板件面漆，判断是实色漆还是金属漆，然后根据面漆的属性和颜色查找色卡。

3）从色卡中找出这个颜色和车身比对，选择最接近的一个颜色，并依据这个颜色的代码从计算机查配方系统找出最接近的颜色配方。

4）查找操作完毕，整理色卡归位，关闭计算机，断开电源，清理清洁工位。

12.5.2　根据颜色的判断调配色漆

1. 训练准备

（1）个人防护用品　防尘口罩、活性炭口罩、棉纱手套、一次性乳胶手套、丁腈橡胶手套、安全鞋、防静电工作服、安全眼镜、耳塞、工作帽。

（2）目标　目标色板。

（3）工具　色卡、计算机查配方系统、电子秤1台、普通垃圾桶1个、防火垃圾桶1个、调色灯箱1台、试色板烤箱1台、调色工作台1个、调色玻璃棒1根、清洁布、调漆比

例尺 1 把、纸漏斗、色漆容器（敞口，如一次性塑料杯）。

2. 训练要求

1）正确穿戴个人防护用品，做好个人安全防护。

2）掌握废弃物的分类，熟练掌握防火要求。

3）理解 5S 管理要求，按 5S 管理要求进行操作。

4）熟练掌握调色的步骤和方法。

3. 基本操作步骤

操作步骤描述：按要求穿戴个人防护用品→分析目标色板的颜色→查找色卡→从计算机查配方系统查找、选定色号的配方→根据配方添加色母→调配完成后搅拌均匀→整理、清洁。

1）按要求穿戴个人防护用品。穿好防静电工作服，工作服不宜过紧，也不宜过于肥大，穿着合适、活动自如即可。安全鞋要合脚。混合搅拌色漆时需要戴一次性乳胶手套或丁腈橡胶手套；调漆时需佩戴活性炭口罩。

2）打开调色灯箱光源，在调色灯箱内正面及侧面观察目标色板，分析目标色板的面漆及颜色，判断是素色漆还是金属漆，是单工序漆还是双工序漆。

3）最终判定为单工序素色漆，查找色卡，比对与目标色板接近的颜色色号，在计算机系统中查找配方，并根据需要调漆的数量计算色母的添加量，抄写计算准确的调色配方。调色配方中色母添加量分为累计质量与单独添加色母量两种，两种计量方式都可以使用，可根据自己的习惯选择一种。

4）将塑料杯放在电子秤上，将电子秤清零，按配方添加色母，尽量保证色母量添加准确。如果色母添加多了，可使用玻璃棒将多余的色母蘸取出来并擦在清洁布上，若一次蘸取后仍达不到标准，可采取多次蘸取，直至达到标准。

5）根据颜色配方添加色母完毕后，将玻璃棒擦干净，使用玻璃棒搅拌使添加的色母及添加剂充分混合均匀备用。使用时还应经滤网过滤。

6）按 5S 管理规范整理、清洁工位。

12.5.3　选择已喷涂灰度底漆的样板

1. 训练准备

（1）个人防护用品　防尘口罩、棉纱手套、一次性乳胶手套、安全鞋、防静电工作服、安全眼镜、耳塞、工作帽。

（2）目标　选择已喷涂灰度底漆的样板。

（3）工具　灰度为 SG01~SG07 的样板（纸质）各 1 块。

2. 训练要求

1）正确穿戴个人防护用品，做好个人安全防护。

2）掌握废弃物的分类，熟练掌握防火要求。

3）理解 5S 管理要求，按 5S 管理要求进行操作。

4）熟练掌握调色选择灰度的步骤和方法。

3. 基本操作步骤

操作步骤描述：按要求穿戴个人防护用品→根据面漆的颜色选择灰度底漆样板→整理、清洁。

1）按要求穿戴个人防护用品。穿好防静电工作服，安全鞋要合脚。选择已喷涂灰度底漆的样板时应戴一次性乳胶手套或棉纱手套。

2）从计算机查配方系统查找选定色号的配方界面，有单独一栏标识与当前颜色对应的底漆灰度值。如果配方中不显示面漆需对应的底漆灰度值，也可以根据面漆的色调和明度来选择中涂底漆的灰度值。颜色对应的灰度如图 12-24 所示。根据需要调配的面漆颜色，并参考面漆颜色对应的灰度，选择已喷涂灰度底漆的样板。

3）按 5S 管理要求整理清洁工位。

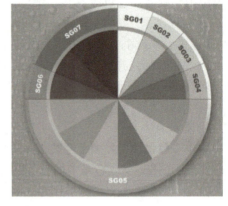

图 12-24　颜色对应的灰度

12.5.4　使用喷枪喷涂素色漆、银粉漆（银粉色母质量低于总色母质量的 60%）样板

1. 训练准备

（1）个人防护用品　防尘口罩、活性炭口罩、棉纱手套、一次性乳胶手套、丁腈橡胶手套、安全鞋、防静电工作服、安全眼镜、耳塞、工作帽。

（2）目标　已调好颜色的水性漆 100g；已调配好的清漆 100g。

（3）工具　灰度为 5 的样板（纸质）5 块；灰度为 5 的样板（铝质）5 块；电子秤 1 台；吹风枪 1 把；喷枪采用重力式（上罐枪），喷枪口径为 1.3～1.6mm，面漆喷枪 1 把，清漆喷枪 1 把；清洗槽或不锈钢盆 1 个；毛刷 1 个；普通垃圾桶 1 个；防火垃圾桶 1 个；调色灯箱 1 台；样板烤箱 1 台；试喷柜 1 台；调色工作台 1 个；调色玻璃棒 1 根；调漆比例尺 1 把；纸漏斗；色漆容器（敞口，如一次性塑料杯）；目标色板。

（4）面漆　喷涂的面漆使用 PPG 水性漆，品牌代码为 5DRAB。本次给出 100g 水性漆的配方：

1）P998-8992（色母，中闪银），53.4g。

2）P991-8920（色母，黑紫），6.6g。

3）P990-8957（色母，坚蓝），4.8g。

4）P992-8935（色母，洋红），1.2g。

5）P990-8950（色母，深黑），1.8g。

6）P998-8991（控色剂），1.8g。

7）P998-8987（色母，中幼银），5.8g。

8）P991-8916（皇家蓝），26.2g。

清漆的调配（100g），采用 PPG 公司的清漆；P190-6208 闪电清漆 2 份，P210-6863 固化剂 1 份，P850-1492 稀释剂 0.5 份；2K 系列可根据现场环境温度选择调配比例。

例如：100g 调配合适的清漆中，P190-6208 闪电清漆约 57.14g，P210-6863 固化剂约 28.57g，P850-1492 稀释剂约 14.29g。

2. 训练要求

1）正确穿戴个人防护用品，做好个人安全防护。

2）掌握废弃物的分类，熟练掌握防火要求。

3）理解 5S 管理要求，按 5S 管理要求进行操作。

4）熟练掌握使用喷枪喷涂银粉漆样板的方法。

3. 基本操作步骤

操作步骤描述：按要求穿戴个人防护用品→将 100g 色漆过滤后装入枪罐里→选择样板灰度喷涂色漆→喷涂清漆并烤干→整理、清洁。

1）按要求穿戴个人防护用品。搅拌色漆时需要戴一次性乳胶手套或丁腈橡胶手套；调漆时需佩戴活性炭口罩。个人防护用品如图 12-25 所示。

2）将 100g 色漆过滤后装入枪罐。将 100g

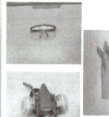

图 12-25　个人防护用品

银粉漆按 10% 比例加入水性稀释剂，用比例尺搅拌均匀，使用水性漆专用过滤漏斗（125μm）过滤后装入喷枪罐。

3）选择样板灰度喷涂色漆。根据颜色选择底色板灰度，需喷涂的色漆颜色对应的底漆灰度值为 SG05。正确选择灰度可提高通透性色母的遮盖力，有效减少喷涂层数，省时省工。喷涂样板与喷涂工件过程一致：第一遍喷涂完成后使用吹风枪吹干样板色漆，至表面完全亚光；第二遍喷涂完成后仍然需用吹风枪吹干样板色漆，至表面完全亚光；喷涂第三遍色漆控制层时，将喷枪扇面调至最大，出漆量调至 1~1.5 圈，气压不变（1.5~2bar），枪距稍远一点，喷涂移动速度比正常喷涂略快一点，采取雾喷的方式，可使色漆层颜色更均匀。

4）喷涂清漆并烤干。样板面漆表面亚光干燥后准备喷涂清漆。按比例调配清漆，使用纸漏斗过滤后装入枪罐。调试喷枪：气压为 1.5~2bar，出漆量为 2 圈，扇面为 3/4 或最大。调试完成后，在喷涂试纸上试喷，试喷后观察喷涂效果，判断喷枪是否已调整合适。调试好喷枪即可进行正常喷涂。喷涂第一遍待闪干（5~10min）后指触样板外的漆面，若不粘手可喷涂第二遍，喷涂完毕闪干 5~10min 后放入烤箱进行烘烤干燥。

5）按 5S 管理要求整理、清洁工位。

12.5.5　根据样板与目标色板的色差选择色母及其添加量

1. 训练准备

（1）个人防护用品　防尘口罩、活性炭口罩、棉纱手套、一次性乳胶手套、丁腈橡胶手套、安全鞋、防静电工作服、安全眼镜、耳塞、工作帽。

（2）目标　已调好颜色的水性漆 150g；已调配好的清漆 150g。

（3）工具　灰度为 5 的样板（纸质）5 块；灰度为 5 的样板（铝质）5 块；电子秤 1 台；吹风枪 1 把；喷枪采用重力式（上罐枪），喷枪口径为 1.3~1.6mm，面漆喷枪 1 把，清漆喷枪 1 把；清洗槽或不锈钢盆 1 个；毛刷 1 个；普通垃圾桶 1 个；防火垃圾桶 1 个；调色灯箱 1 台；样板烤箱 1 台；试喷柜 1 台；调色工作台 1 个；调色玻璃棒 1 根；调漆比例尺 1 把；纸漏斗；色漆容器（敞口，如一次性塑料杯）；目标色板。

（4）面漆　喷涂的面漆使用 PPG 水性漆，品牌代码为 5DRAB，配方参照 12.5.4 所述内容。

133

2. 训练要求

1）正确穿戴个人防护用品，做好个人安全防护。

2）掌握废弃物的分类，熟练掌握防火要求。

3）理解 5S 管理要求，按 5S 管理要求进行操作。

4）熟练掌握调色的步骤和方法。

3. 基本操作步骤

操作步骤描述：按要求穿戴个人防护用品→将 150g 色漆平均分在两个杯子里→取其中一杯装入喷枪罐→选择样板喷涂→喷涂清漆并烤干→对照目标色板进行微调并记录。

1）按要求穿戴个人防护用品。搅拌色漆时需要戴一次性乳胶手套或丁腈橡胶手套；调漆时需佩戴活性炭口罩。

2）将 150g 色漆平均分在两个杯子里。使用电子秤测量分配 150g 色漆，平均分为两份，一份正常调色，另一份备用。

3）取其中一杯装入喷枪罐。取其中一份（75g）按 10% 比例加入水性稀释剂，用比例尺搅拌均匀，使用水性漆专用过滤漏斗（125μm）过滤后装入喷枪罐。

4）选择样板喷涂。根据颜色选择底色板灰度，需微调的颜色对应的底漆灰度值为 SG05。喷涂样板与喷涂工件过程一致。

5）喷涂清漆并烤干。具体步骤可参照 12.5.4 所述内容进行。

6）对照目标色板进行微调并记录。喷涂干燥后的色板与目标色板比对，分析颜色偏差，判断需要添加的色母及添加色母的数量。例如需要添加 P990-8957（色母，坚蓝）4g；这时不要一次性添加 4g，可以先添加 2g 并搅拌均匀，重复步骤 4、5，喷涂干燥后再次与目标色板比对，分析判断添加的色母是否正确。与目标色板比对后若颜色接近目标色板，可再继续添加 P990-8957（色母，坚蓝）1g，再次喷涂样板并与目标色板比对，若颜色一致则调色成功。若添加的色母不正确，则与目标色板的色差会更大或颜色偏离目标色板，此时第一份色漆就不要再调了，换备用的另一份色漆重新按调色步骤进行调色。

注意：每次添加色母不要过量，可每次少加，看颜色的走向是否与目标色板一致；如果添加多了可用玻璃棒蘸取添加的色母。

12.5.6 确定样板颜色是否合格

1. 训练准备

（1）个人防护用品 防尘口罩、棉纱手套、一次性乳胶手套、安全鞋、防静电工作服、安全眼镜、耳塞、工作帽。

（2）目标 目标色板。

（3）工具 普通垃圾桶 1 个、防火垃圾桶 1 个、调色灯箱 1 台、调色工作台 1 个。

2. 训练要求

1）正确穿戴个人防护用品，做好个人安全防护。

2）掌握废弃物的分类，熟练掌握防火要求。

3）理解 5S 管理要求，按 5S 管理要求进行操作。

4）熟练掌握观察样板颜色的方法。

3. 基本操作步骤

操作步骤描述：按要求穿戴个人防护用品→分析目标色板的颜色→喷涂样板与目标色板正面比对→喷涂样板与目标色板侧面比对→整理、清洁。

1）按要求穿戴个人防护用品。

2）打开调色灯箱光源，在调色灯箱内正面及侧面观察目标色板，分析目标色板的面漆及颜色，判断是素色漆还是金属漆，是单工序漆还是双工序漆。

3）喷涂样板与目标色板正面比对。在调色灯箱内正面观察喷涂样板与目标色板，将喷涂样板与目标色板放在调色灯箱内同一个平面上，观察两块板正面的色调是否相同、明暗度是否一致、彩色饱和度是否一致。若是金属漆，首先比较喷涂样板金属颗粒大小是否一致、排列疏密是否一致。

4）喷涂样板与目标色板侧面比对。在调色灯箱内侧面观察喷涂样板与目标色板，将喷涂样板与目标色板放在调色灯箱内同一个平面上且倾斜45°，观察两块板侧面的色调是否相同、明暗度是否一致、彩色饱和度是否一致。

5）根据观察，喷涂样板与目标色板银粉颗粒大小相同、排列疏密一致，正面色调相同、明暗度一致、色彩饱和度一致，侧面色调相同、明暗度一致、色彩饱和度一致，可确定样板颜色合格。

6）按5S管理规范整理、清洁工位。

中涂底漆的修补喷涂

中涂底漆主要起到填充、隔离和提高附着力的作用。中涂底漆的填充颜料较多，喷涂膜厚，每层为 20～25μm，相当于防锈底漆的 1 倍左右，能有效填充损伤处理之后原子灰、旧漆面的砂纸痕、砂眼及轻微不平整，并可对下面的涂层起到封闭、隔离作用。双组分高固体分厚膜底漆是一种适用广泛的底漆，可以用于各种类型的修补。

13.1 修补喷涂中涂底漆

喷涂双组分高固体分厚膜中涂底漆时，若使用传统喷枪，重力式喷枪的口径为 1.6～1.8mm，吸力式喷枪的口径为 1.8mm，喷涂压力为 3～3.3bar；若使用 HVLP 喷枪，重力式喷枪的口径为 1.6～1.8mm，喷涂压力为 1.5～2bar。

厚膜中涂底漆用于填补修补区域的打磨痕迹，在使用前必须加入固化剂。厚膜中涂底漆有两种施工方式。

（1）喷灰方式　与固化剂混合的中涂底漆中一般不加或者加极少量稀释剂，故施工漆料比较黏稠，漆膜也很厚（150μm/3 层）。喷灰方式的喷涂程序如图 13-1 所示。

第 1 层底漆喷涂在打磨区域内，闪干 5min 或者红外线烤灯烘烤 2min。第 2 层底漆喷涂在第 1 层范围内，闪干 5～7min，或者红外线烤灯烘烤 2min。第 3 层底漆喷涂在第 2 层范围内，使用红外线烤灯烘烤（60℃）20min（参考红外固化说明书），或使用红外线（短波）加热 8～12min，烘烤距离为 70～100cm。修补系统剖面如图 13-2 所示。

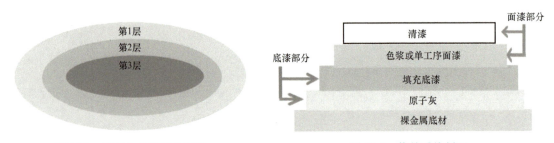

图 13-1　喷灰方式的喷涂程序　　　　　图 13-2　修补系统剖面

（2）湿碰湿方式　湿碰湿方式是一种可提高修补速度的施工方式。这种施工方式的添加稀释剂用量要多一些，可使施工性更好、漆膜更光滑、底漆更容易打磨，主要用于不需要填补的部件和侵蚀底漆上。湿碰湿方式实际上是减少了喷涂面漆之前底漆完全固化的工序。湿碰湿方式的漆膜较厚，所以只能用于面板前处理做得很好的情况。湿碰湿方式施工的底漆只能喷涂在整块面板上，或者喷涂在新部件的电泳底漆上面，在新的面板上喷涂底漆需要增加闪干、烘烤工序。

13.1.1 面漆配方中中涂底漆灰度的查询方法

灰度是影响油漆遮盖力的最大因素。灰度对每个颜色都有特殊的明暗，为减小明暗效应，选择灰度是关键步骤。使用正确的灰度底漆可为面漆提供更快的遮盖。可调灰度底漆 SG01（白）~SG07（深灰）共 7 种灰度。因此，在使用素色漆、三工序珍珠漆和多种双工序珍珠漆时，推荐使用灰度底漆，可更快地达到遮盖效果。

按常规识别车辆颜色，然后在颜色登记簿中查配方，确定所需要的灰度底漆。

面漆颜色对应的底漆灰度如图 13-3 所示。

灰度底漆的施工可以用湿碰湿方式，施工性好、漆膜较光滑、容易打磨，可烘干后打磨底漆。灰度底漆也可作为三工序珍珠漆的基色漆，调配底漆时按质量比例表正确混合灰度底漆，按产品说明活化和稀释灰度底漆。喷涂时，先薄喷一层，闪干 5min，然后按常规喷涂和干燥底漆，再喷涂面漆直至完全遮盖。面漆可以用油性漆也可以用水性漆。

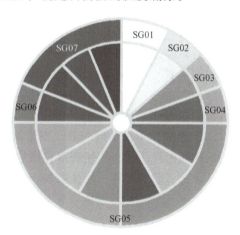

图 13-3　面漆颜色对应的底漆灰度

灰度底漆的特点：提高颜色遮盖力，减少面漆喷涂层数，可用于高膜厚施工或湿碰湿工艺。

灰度底漆的调配比例（以 PPG 可调灰度底漆为例）：快干厚膜底漆 P565-510（灰色）、P565-511（白色），高浓度黑色母（可调灰度底漆专用）P170-5670。可调灰度底漆的灰度 SG01~SG07 的调配比例如图 13-4 所示。

	SG01	SG02	SG03	SG04	SG05	SG06	SG07
P565-511	100	95	80	50	0	0	0
P565-510	0	5	20	50	100	99	92
P170-5670	0	0	0	0	0	1	8

图 13-4　可调灰度底漆的灰度 SG01~SG07 的调配比例

137

13.1.2 中涂底漆灰度的调配方法

（1）确定用量　根据损伤区域的大小，确定底漆用量，避免浪费。高固体分厚膜底漆、固化剂、稀释剂的混合比例为 5∶1∶1。以 PPG 产品为例，P565-510 高固体分厚膜底漆 5 份，2K 高浓度固化剂 P210-938（或者 2K 高浓度慢干固化剂 P210-939）1 份，2K 稀释剂 P850-149X 1 份，混合搅拌均匀，混合后应在 1h 内使用。

（2）调配　根据产品使用说明添加合适比例的固化剂、稀释剂，并使用搅拌棒彻底搅拌中涂底漆，将固化剂、稀释剂充分搅拌均匀。不同厂家的产品混合比例不同，不要混用。

应根据环境温度选择稀释剂。混合中涂底漆时应根据产品说明书，在聚氨酯中涂底漆中添加固化剂，用稀释剂稀释，然后使用合适的量具（如电子秤、比例尺等）并用滤网过滤后倒入枪罐中。

注意：中涂底漆的颜料会沉底，因此使用前必须彻底搅拌均匀，这与面漆相似。虽然硝基中涂底漆易于使用，但涂料性能太差，推荐使用聚氨酯中涂底漆。

13.2 银粉漆局部修补前打磨的方法

中涂底漆作为面漆的基础，起到增强涂层间的附着力、对底层提供封闭和填充细微痕迹的作用。除非是对新换部件采用免磨中涂底漆，否则中涂底漆干燥后一定要做好打磨工作，以保证附着力，为面漆提供一个平滑的基础。

（1）防护 穿戴好防静电工作服、安全鞋、防护眼镜、耳塞、防尘口罩、棉纱手套等。

（2）遮蔽 遮蔽非打磨区域。

（3）涂抹炭粉指示剂 中涂底漆需等完全干燥后才能打磨，打磨前应在需打磨的区域表面涂抹炭粉指示剂，以便观察打磨中涂底漆的效果，如是否有漏打磨、打磨去除桔皮的情况、尘点的去除情况等。涂抹炭粉指示剂如图 13-5 所示。

（4）手工打磨中涂底漆 对于中涂底漆纹理较粗的区域、填充原子灰的区域，先使用干磨手刨进行局部手工干磨，再使用干磨手刨配合 P320 干磨砂纸对施涂原子灰的区域进行打磨，以消除缺陷。干磨手刨打磨如图 13-6 所示。

图 13-5 涂抹炭粉指示剂

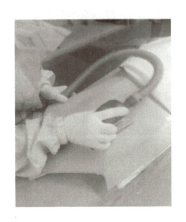

图 13-6 干磨手刨打磨

（5）干磨机打磨中涂底漆 用偏心距为 3mm 的双动作干磨机，在托盘上加装中间软垫，粘贴 P400 或 P500 砂纸（如喷涂单工序面漆或双工序纯色漆则使用 P400 砂纸，如喷涂双工序金属漆则使用 P500 砂纸）进行打磨，最后一遍使用 P600～P1000 精磨砂棉或灰色百洁布打磨难以打磨的区域，确保将要喷涂色漆及清漆的区域全部打磨至亚光。更换砂纸如图 13-7 所示。

（6）只喷涂清漆区域 使用偏心距为 3mm 的双动作干磨机，在托盘上加装中间软垫，配合 P800～P1000 精磨砂棉或使用灰色百洁布进行打磨，将需打磨区域打磨至全部亚光，目的是增加新喷清漆的附着力。

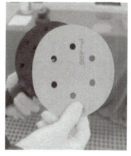

图 13-7　更换砂纸

13.3　免磨底漆整板喷涂前打磨的方法

（1）喷涂免磨底漆　对于新的车身金属部件和新的塑料保险杠，为了使面漆有更好的遮盖力，减少面漆用量，保证面漆的亮度和饱满度达到原漆效果，以及为了提高涂膜的抗石击能力，在维修装时都需要整板喷涂中涂底漆。当这两种部件没有大的损伤，即没有大面积的原子灰时，喷涂可调灰度免磨底漆是一种非常高效率的方法。

（2）打磨损伤区域和电泳底漆　免磨底漆具有流平性好、干燥速度快、灰度可调、具有一定的隔离性、喷涂面漆前不用打磨、生产效率高等特点，但其填充性较差，因此打磨用的砂纸颗粒不宜过粗。喷涂自流平底漆前打磨表面涂层用 P320 砂纸，或选择偏心距为 5mm 的打磨头配合不低于 P320 的砂纸，打磨损伤区域羽状边和板件的电泳底漆层表面。打磨过程中，只需将打磨机放在被打磨表面上左右移动即可，不必对打磨机施加压力，避免使打磨的涂层表面不平整及打磨过度。为提高打磨效率，打磨时应按顺序依次打磨，并根据砂纸的新旧程度，相应改变移动打磨头的速度。应将电泳涂层桔皮打磨平整，且不裸露金属。

13.4　整板喷涂免磨底漆

13.4.1　免磨底漆材料知识

（1）免磨底漆　免磨底漆多使用于新板件或没有大面积原子灰的板件。各涂料厂商都推出了各自的免磨底漆，虽成分各有不同，但使用性能基本相同。以 PPG 油漆为例，底漆、稀释剂、固化剂的外包装如图 13-8 所示。

（2）施工要求　免磨底漆的调配比例相较于打磨底漆要稀一点。例如 PPG 自流平免磨底漆可以使底漆的桔皮更小，使面漆效果更好。P565-5601/5/7 自流平底漆（免磨自流平底漆）具有自流平特性、超强可调灰度配比、多元基材适用性能，可提供 5 日内无须打磨

a）底漆的外包装　　b）稀释剂的外包装　　c）固化剂的外包装

图 13-8　底漆、稀释剂、固化剂的外包装

139

即可喷涂面漆的施工工艺，切实优化修补程序。P565-5601/5/7 自流平底漆的调配比例见表 13-1。

表 13-1　P565-5601/5/7 自流平底漆的调配比例

使用 2K 标准稀释剂	体积比	使用 2K 低 VOC 稀释剂	体积比
P565-5601/5/7	2 份	P565-5601/5/7	2 份
P210-8430/844	1 份	P210-8430/844	1 份
P850-14XX	0.5~1 份	P850-16XX	0.5~1 份

低于 20℃ 时推荐使用 2K 低 VOC 高固含量稀释剂（超快干）。

P852-1689 稀释剂可单独使用或与 2K 稀释剂混合使用，混合后的黏度（DIN 4mm 杯）为 16~18s，混合后的有效喷涂时间为 1h。

单独使用 P850-14XX 或 P850-16XX，混合后的有效喷涂时间为 20min。若使用 P852-1689 稀释剂，使用后应立即清洗喷枪。

免磨底漆的施工要求如下：

1）喷枪口径：1.2~1.3mm。

2）喷涂压力：3.0~3.7bar。

3）喷涂：喷涂全湿单层或喷一薄层后加一全湿层；均匀喷涂以达到最佳效果；不要喷涂过厚。

4）干燥：如果喷涂一单层，涂层间无须闪干。

5）膜厚：漆膜厚度为 25~35μm，20℃ 时，闪干约 15min 即可喷涂面漆。

6）后续处理：喷涂面漆前闪干 15min，或静置 5 日而无须额外打磨工序；如施工面沾有灰尘，可在喷涂第一道面漆后进行除尘点或局部打磨（可使用 P800 或更细的砂棉）。

13.4.2　免磨底漆整板喷涂的方法

喷涂自流平底漆时，先喷板件四周和第一折边外边缘，然后再自上而下进行喷涂；不宜喷涂过厚；喷涂一个全湿单层，或喷一薄层后加一全湿层；漆膜厚度为 25~35μm；均匀喷涂以达到最佳效果。

室温 20℃ 时，正常膜厚情况下喷涂面漆前需闪干 15min。闪干时间与喷涂膜厚有关，如果闪干时间不够，可能导致漆起痱、失光等缺陷。

13.5　整板喷涂中涂底漆

（1）中涂底漆的施工方式　整板喷涂中涂底漆前，应根据面漆的颜色选择合适的灰度，并按照油漆厂商提供的说明书中底漆、固化剂、稀释剂的比例调配，最后根据施工条件选择湿碰湿施工方式。湿碰湿底漆只能喷涂在整块面板上，或者喷涂在新部件的电泳底漆上面。在新的面板上以湿碰湿方式喷涂中涂底漆须增加闪干、烘烤工序。

（2）底漆及中涂底漆的喷涂要求　底漆及中涂底漆一般固体含量较高，喷涂黏度相对也高，而且对成膜后的膜厚有一定的要求，喷涂过程中应减少飞漆，提高油漆传递效率高，填充快捷，还要使漆膜容易打磨。对底漆喷枪的要求：雾化颗粒饱满均匀，精细雾化，大喷幅扇面，能做出平滑的漆膜，减少打磨时间，调节后能够输送足够油漆，产生适当厚度的漆膜，高传递效率，符合 VOC 的法规要求。

双组分高固体分底漆是一种适用广泛的底漆，可以用于各种类型的修补。建议喷涂这种底漆时按照下列喷枪设置适当施工，可提供标准膜厚。

1）传统喷枪：喷嘴口径 1.6~1.8mm，重力式，喷涂压力 3~3.3bar。
2）HVLP 喷枪：喷枪口径 1.6~1.8mm，重力式，喷涂压力 1.5~2bar。

13.6　技能训练

13.6.1　根据银粉漆颜色配方选择中涂底漆的灰度

1. 训练准备

（1）个人防护用品　防尘口罩、棉纱手套、安全鞋、防静电工作服、安全眼镜、耳塞、工作帽。

（2）工具　色卡、计算机查配方系统、普通垃圾桶 1 个、防火垃圾桶 1 个、调色工作台 1 个、清洁布。

2. 训练要求

1）正确穿戴个人防护用品，做好个人安全防护。
2）掌握废弃物的分类，熟练掌握防火要求。
3）理解 5S 管理要求，按 5S 管理要求进行操作。
4）熟练掌握根据银粉漆颜色配方选择中涂底漆灰度的方法。

3. 基本操作步骤

操作步骤描述：按要求穿戴个人防护用品→根据色卡的色号在计算机查配方系统中查找底漆灰度→分析颜色配方，并根据颜色对应灰度图查询底漆灰度→整理、清洁。

（1）按要求穿戴个人防护用品　穿好防静电工作服，工作服不宜过紧，也不宜过于肥大，穿着合适、活动自如即可。安全鞋要合脚。

（2）打开计算机查配方系统　根据色卡的色号在计算机查配方系统中查找选定色号的配方，灰度在色号配方界面右上角框内已有注释：请使用底漆灰度为 SG05。色漆配方的计算机页面如图 13-9 所示。

（3）分析颜色配方　如果配方中不显示面漆对应的底漆灰度，也可以根据面漆的色调和明度来选择中涂底漆灰度。例如：需调色的目标颜色为浅蓝色，可查找浅蓝色或蓝色对应的底漆灰度。颜色对应的灰度如图 13-3 所示，由图可知浅蓝色或蓝色对应的底漆灰度为 SG05。

（4）整理、清洁　按 5S 管理要求整理、清洁工位。

13.6.2　调配和喷涂中涂底漆

1. 训练准备

（1）个人防护用品　防尘口罩、活性炭口罩、棉纱手套、一次性乳胶手套、丁腈橡胶手套、安全鞋、防静电工作服、安全眼镜、耳塞、工作帽、供气式面罩。

（2）工具　电子秤、中涂底漆容器。

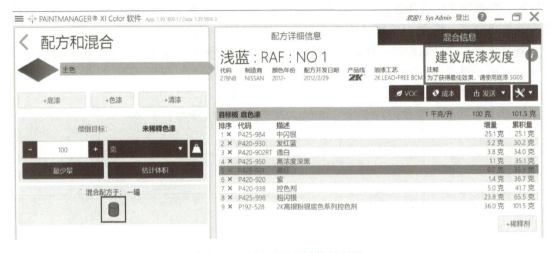

图 13-9　色漆配方的计算机页面

2. 训练要求

选择和调配中涂底漆。

3. 基本操作步骤

操作步骤描述：准备→选择灰度→确定用量→调配中涂底漆→清洁除油→喷涂中涂底漆→5S 管理。

（1）准备　穿戴个人防护用品。

（2）选择灰度　根据色漆颜色选择合适灰度的底漆（可查阅生产商资料）。

使用可调灰度底漆可节省时间、色漆用量和费用。可调灰度底漆可提高通透性色母的遮盖力，有效减少喷涂层数，省时省工。

（3）确定用量　根据损伤区域的大小，确定底漆用量，避免浪费。

本次调配的中涂底漆的灰度为 4（SG04），环境温度在 30℃ 以上，用量为 200g，比例为 5：1：(0.5~1)。

配方如下：

P565-511（白色），71.5g。

P565-510（灰色），71.5g。

P210-845（慢干），28.57g。2K 高固固化剂 P210-845（慢干）适用于气温 30℃ 以上。

P850-1493/1494（高气温），28.57g。

（4）调配中涂底漆　根据产品使用说明添加合适比例的固化剂、稀释剂，并使用搅拌棒彻底搅拌中涂底漆，将固化剂，稀释剂充分搅拌均匀。不同厂家的产品混合比例不同，不要混用，例如高固体分厚膜底漆（白色）P565-511、高固体分厚膜底漆（灰色）P565-510。2K 高固固化剂 P210-842（快干）适用于气温 25℃ 以下，2K 高固固化剂 P210-8430（标准快干）适用于气温 25℃ 以下，2K 高固固化剂 P210-844（标准）适用于气温 25~30℃，2K 高固固化剂 P210-845（慢干）适用于气温 30℃ 以上，可根据环境温度选择合适干燥速度的固化剂。2K 稀释剂 P850-1491/1492 适用于气温 25℃ 以下，2K 稀释剂 P850-1493/1494 适用于气温 30℃ 以上，可根据环境温度选择合适干燥速度的稀释剂。

混合中涂底漆时，应根据产品说明书，在聚氨酯中涂底漆中添加固化剂，用稀释剂稀释，然后使用合适的量具（如电子秤、比例尺等）并用滤网过滤后倒入枪罐中。

（5）清洁除油（已打磨处理完毕的板件）

1）利用清洁布擦拭门板上的灰尘，再用吹尘枪吹净。

2）用一湿一干两块清洁布进行整板除油，且用两块清洁布交叉进行；也可以用喷洒法进行除油。

（6）喷涂中涂底漆

1）穿戴个人防护用品，如防静电工作服、安全鞋、耐溶剂手套、供气式面罩、耳塞等。

2）选择合适的底漆喷枪进行喷涂，底漆喷枪的可使用口径为 1.6~2.0mm。本次使用的喷枪为低压环保型，喷枪口径为 1.6mm，喷枪调整为气压 2bar、出漆量 2 圈、扇面 1/4。设置好喷枪参数后，在试喷纸上进行试喷，检查喷涂喷幅质量。

3）喷涂整板表面前需在喷涂表面进行粘尘。粘尘布先充分展开，再重新团起，从上到下仔细擦拭一遍，清除门板上的灰尘。

4）喷涂时，首先喷涂第一折边区外的区域（即工件四周缘），再自上而下进行喷涂。在整个区域喷涂第一层中涂底漆，然后在遮蔽区和准备区域内将表面喷湿。

中涂底漆的填充颜料较多，故每层喷涂膜厚为 20~25μm，一般喷涂 2~3 层，漆膜厚度可达 50~70μm。视不同的原子灰平面度可多喷涂几层，但漆膜厚度不可超过 150μm，以免涂层开裂或"咬底"。留足够的闪干时间让溶剂蒸发（直到表面失光）。涂每一层漆膜后需闪干，层间闪干约需 5min，合理闪干后再喷涂下一层涂膜。喷涂完毕闪干 5~10min，再使用红外线烤灯烘烤 15min 左右，烤干中涂底漆。

（7）5S 管理　按 5S 管理要求清洁、清洗喷枪，整理、清洁工位。

13.6.3　免磨底漆喷涂前打磨

1. 训练准备

（1）个人防护用品　防尘口罩、活性炭口罩、棉纱手套、一次性乳胶手套、丁腈橡胶手套、安全鞋、防静电工作服、安全眼镜、耳塞、工作帽。

（2）工件　已做电泳底漆的翼子板 1 件。

（3）工具　费斯托无尘干磨系统一套（配备偏心距为 3mm 和 6mm 的打磨机）、炭粉指示盒 1 套、原子灰刮板、清洗槽或不锈钢盆 1 个、毛刷 1 个、普通垃圾桶 1 个、防火垃圾桶 1 个、除油剂喷壶 1 个、水性清洁剂喷壶 1 个、红外线烤灯 1 台、搅拌原子灰的比例尺、门板支架或翼子板支架 1 台、打磨材料工作台、粘尘布、专用面漆喷枪 1 把（重力式，1.3~1.4mm 口径喷嘴）、电子秤、调漆比例尺、125μm 网眼尼龙过滤网（推荐）、水性漆吹风枪 1 把。

（4）打磨材料　6in 9 孔 P80、P120、P180、P240、P320、P400、P500 砂纸或 6in 相同粒度的砂网，各 2 张/人；70mm×125mm 的 P80、P120、P180、P240、P320 手刨砂纸或砂网，各 2 张/人；红色百洁布（相当于 P400 砂纸）、灰色百洁布（相当于 P600 水砂纸），各 1 张/人。

（5）清洁遮蔽材料　清洁除油布，5 张/人；遮蔽胶带，2 卷/人；除油剂，例如 PPG 公司的 P850-14（快干，适用于气温较低时及板块修补）、P850-1402（慢干，适用于气温较高时），用于喷涂前对底材上的污物做彻底清洁；清洁剂 P273-901，用于清除油渍、污渍及硅酮物等。

2. 训练要求

1) 正确穿戴个人防护用品，做好个人安全防护。

2) 掌握废弃物的分类，熟练掌握防火要求。

3) 理解5S管理要求，按5S管理要求进行操作。

4) 熟练掌握免磨中涂底漆喷涂前的打磨要点和免磨中涂底漆的烘烤要求。

3. 基本操作步骤

操作步骤描述：按要求穿戴个人防护用品→检查工具、耗材是否齐全→检查板件的损伤区域和损伤状态→清洁除油→打磨损伤区域和电泳底漆→清洁除油→整理、清洁。

（1）按要求穿戴个人防护用品 穿好防静电工作服，安全鞋要合脚。检查工件时可以戴一次性乳胶手套或棉线手套；清洁除油时必须戴一次性乳胶手套或丁腈橡胶手套；打磨过程中需要戴棉线手套。打磨过程中由于干磨设备振动会产生噪声和粉尘，需佩戴耳塞做好耳朵的防护。清洁除油、喷涂中涂底漆时需佩戴呼吸面罩或活性炭口罩。

（2）检查工具、耗材是否齐全 按照施工要求检查无尘干磨系统的气源、电源是否接通，起动干磨机观察运转状态，确认是否可正常使用。

检查打磨材料工作台上是否配备原子灰和固化剂、手刨砂纸和无尘干磨专用砂纸（P80、P120、P180、P240、P320、P400）、水性清洁剂和油性清洁剂、除油布、百洁布、稀释剂、填眼灰、炭粉指示剂。还要检查水性清洁剂喷壶中是否已加入清洁剂，除油剂喷壶中是否已加入除油剂。

（3）检查板件的损伤区域和损伤状态 确定打磨的损伤区域和维修方案。损伤区域为电泳底漆表面，损伤状态为轻微划伤，未裸露金属底材。检查板件的损伤区域如图13-10所示。

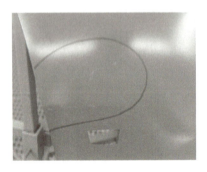

图13-10 检查板件的损伤区域

（4）清洁除油

1) 方法一：用装有除油剂的喷壶在板件上喷涂一层除油剂，在除油剂干燥前使用干净的除油布将其擦干。

注意：除油擦拭时的顺序为先面后边、由上而下，不得来回重复擦拭，以免造成二次污染。

2) 方法二：也可以采用两块除油布，先将一块除油布用除油剂湿润后，在板件上一块一块地进行小面积擦拭，当工件表面湿润时，再用另一块干净的除油布将其擦干。清洁除油如图 13-11 所示。

（5）打磨损伤区域和电泳底漆　选择偏心距为 5mm 以上的打磨头配合 P320 砂纸，打磨损伤区域羽状边和板件的电泳底漆层表面。因电泳涂层较薄，只有 15μm 左右，且喷涂自流平底漆填充性能较差，因此打磨的砂纸颗粒不宜过粗。喷涂自流平底漆前用 P320 砂纸打磨表面涂层即可。打磨过程中，只需将打磨机放在被打磨表面上左右移动即可，不必对打磨机施加压力，避免使打磨的涂层表面不平整及打磨过度。为提高打磨效率，打磨时应按顺序依次打磨，并根据砂纸的新旧程度，相应改变移动打磨头的速度。应将电泳涂层桔皮打磨平整，且不裸露金属。选择偏心距为 5mm 的打磨机配合 P320 砂纸打磨板件，如图 13-12 所示。

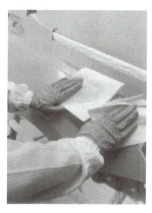

图 13-11　清洁除油

图 13-12　偏心距为 5mm 的打磨机配合 P320 砂纸打磨板件

板件的边、角、缝等不宜打磨处可以用红色百洁布手工打磨，筋线等宜磨穿处也可以用手工打磨。将桔皮打磨处理平整，使电泳底漆表面呈亚光。打磨电泳底漆如图 13-13 所示。

 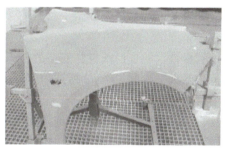

图 13-13　打磨电泳底漆

（6）清洁除油　为避免污染环境，不可以直接使用吹尘枪除尘。打磨完毕应先使用清洁布（百洁布）擦拭除尘，然后按清洁除油的方法进行二次清洁除油。

喷涂自流平底漆前需要对板件表面清洁除油。对于溶剂型面漆（油性漆），只需用溶剂型除油剂进行清洁除油；对于水性面漆，则需要使用溶剂型除油剂和水性清洁剂两种材料进行清洁除油。是先用水性清洁剂还是先用溶剂型除油剂，具体应根据不同品牌油漆使用说明中的操作要求进行。

除油方法：先使用清洁剂均匀喷洒在板件表面，并在清洁剂未挥发干燥前用清洁布擦干；再使用溶剂型喷壶将溶剂型除油剂均匀喷洒在板件表面，使油脂溶解，并在除油剂未挥发干燥前使用清洁布擦干。

取清洁布使用水性清洁剂湿润后擦湿板件表面，使油脂等污物溶解，然后用另一块干燥的清洁布擦干板件上的清洁剂，再使用清洁布以此方法完成整个板件的除油工作。

（7）清洁、整理　按 5S 管理要求整理、清洁工位。

13.6.4　使用喷枪整板喷涂免磨底漆

1. 训练准备

（1）个人防护用品　防静电工作服、安全鞋、耐溶剂手套、供气式面罩、耳塞。

（2）工件　已做电泳底漆的门板。

（3）工具　电子秤、过滤网、玻璃棒、调漆比例尺、喷枪。

（4）材料　清洁除油布，5 张/人；遮蔽胶带，2 卷/人；除油剂，例如 PPG 公司的 P850-14、P850-1402，用于喷涂前对底材上的污物做彻底清洁；清洁剂 P273-901，用于清除油渍、污渍及硅酮物等。

2. 训练要求

1）正确穿戴个人防护用品，做好个人安全防护。

2）掌握废弃物的分类，熟练掌握防火要求。

3）理解 5S 管理要求，按 5S 管理要求进行操作。

4）熟练掌握使用喷枪整板喷涂免磨底漆的要点。

3. 基本操作步骤

操作步骤描述：按要求穿戴个人防护用品→检查工具、耗材是否齐全→检查板件→清洁除油→喷涂板件→整理。

（1）按要求穿戴个人防护用品　参照 13.6.3 所述内容。

（2）检查工具、耗材是否齐全　检查打磨系统的气源、电源是否接通，喷烤漆房的运转状态是否正常。

（3）检查板件　检查门板电泳底漆的打磨状态，确认有无漏打磨、打磨不彻底等情况。

（4）清洁除油　参照 13.6.3 所述内容。

（5）喷涂板件

1）根据色漆颜色选择对应的灰度调配免磨底漆。

2）根据产品使用说明添加合适比例的固化剂、稀释剂并充分搅拌。不同厂家的产品添加比例不同，须按照产品说明进行添加。

3）调配免磨底漆并搅拌均匀，大约 15min 后，将底漆经 125 目滤网装入免洗枪罐中。

4）建议选用 1.4mm 口径的喷枪，也可以使用 1.3mm 口径的面漆喷枪。喷枪参数调整如下：出漆量 2 圈，扇面全开，气压 1.3～1.8bar。喷枪调整好后在试喷纸上试喷，检查出漆量、气压、喷幅和雾化效果。

5）清洁除油后进行粘尘，先将粘尘布充分展开，轻轻拉伸，然后重新折叠或团成一团，从上到下仔细擦拭一遍，清除板件上掉落的灰尘。粘尘如图 13-14 所示。

6）喷涂自流平底漆时，先喷板件四周和第一折边外边缘，然后再自上而下进行喷涂；

不宜喷涂过厚；喷涂一个全湿单层，或喷一薄层后加喷一层全湿层即可；漆膜厚度为 25～35μm；均匀喷涂以达到最佳效果。

室温 20℃时，正常膜厚情况下喷涂面漆前需闪干 15min。闪干时间与喷涂膜厚有关，如果闪干时间不够，可能导致漆起痱、失光等缺陷。

（6）整理　免磨底漆喷涂完成后，应立即清洗喷枪。按 5S 管理要求整理、清洁工具和工位。清洗喷枪如图 13-15 所示。整理、清洁工位如图 13-16 所示。

图 13-14　粘尘

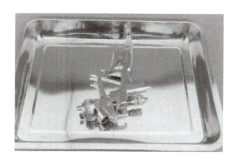

图 13-15　清洗喷枪

图 13-16　整理、清洁工位

双工序素色漆的修补喷涂

14.1　银粉漆局部修补

1. 面漆修补涂装的种类

按面漆修补区域的不同，修补涂装可分为全车修补涂装、整板修补涂装和局部修补涂装。

1）全车修补涂装：修补区域为整个车身的外表面。

2）整板修补涂装：修补区域为整块板件，如翼子板、车门等。

3）局部修补涂装：修补区域为整块板件表面的局部，或相邻两块板件。损伤区域较小，因此修补区域也相对较小。

2. 银粉漆局部修补的方法

1）喷涂前检查喷烤漆房。

2）喷烤漆房内的空气必须过滤。

3）空气在室内的流动应是自上而下，这样不易形成空气死角和漆雾回落而影响喷涂质量。

4）室内空气的流速应在 0.3～0.5m/s 的范围内，过快或过慢的气流都会影响涂膜的流平性。

5）排风量应稳定，并要求供风量略大于排风量，以免外界空气进入，也可避免内外压差过大而使漆雾外溢。

6）清洁、清扫喷烤漆房内部的灰尘和碎屑（包括天花板和地板，以防止天花板和地板上的灰尘随喷烤漆房内空气流通而飘浮在空气中，对漆面造成污染）。清洁喷烤漆房之后需要先抽风 10min 左右，再进行后续工作。

3. 基本操作步骤

（1）按要求穿戴个人防护用品　例如防尘口罩、活性炭口罩、棉纱手套、一次性乳胶手套、丁腈橡胶手套、安全鞋、防静电工作服、安全眼镜、耳塞、工作帽等。

（2）检查板件　检查已涂装银粉漆的翼子板，查看翼子板前部有无面漆划伤。

（3）翼子板损伤区域的原子灰施工

1）检查板件，确定损伤区域为面漆划伤破损。

2）清洁除油损伤区域（应大于需喷涂清漆区域 10%～20% 面积），或者清洁除油整块板件。

3）使用无尘干磨机配合 P60、P80、P120、P180 砂纸打磨损伤区域去除旧漆，并打磨羽状边。

4）在损伤区域刮涂原子灰并打磨（按照刮涂、打磨原子灰的流程进行施工）。

5）打磨原子灰完毕，擦除粉尘、清洁除油。

6）遮蔽非中涂底漆喷涂区域（注意在分界处采取反向遮蔽）。

（4）在损伤区域喷涂中涂底漆

1）选择灰度并调配中涂底漆。根据损伤板件的面漆颜色选择调配对应灰度的底漆，经过滤网过滤后装入枪罐。

2）调试喷枪。在试喷纸上试喷，并根据试喷结果调整喷枪的气压、出漆量、喷幅等参数。

3）喷涂中涂底漆遮盖原子灰，闪干 5~10min 后，喷涂第二层中涂底漆。喷涂的第二层中涂底漆比第一层中涂底漆的面积稍大 10%~20%，还要避免两层喷涂重叠导致过厚的接口。闪干 5~10min 后，再喷涂第三层中涂底漆。喷涂的第三层中涂底漆比第二层中涂底漆的面积稍大 10%~20%，且在喷涂边缘时采取边缘过渡喷涂。闪干 5~10min 后烘烤干燥。

4）中涂底漆干燥后，开始打磨中涂底漆。用 P600 或 P800 以上的砂纸轻轻打磨一遍，同时检查有无砂眼及无凹凸不平。打磨面积应比中涂底漆面积稍大 10%~20%，并在外围 7~10cm 的范围内研磨出磨毛区，磨毛区范围的形状要规则。打磨的目的是为喷涂色漆、清漆做驳口准备。

5）除尘、清洁、除油。清洁、除油时应用清洁剂、除油剂浸湿一块清洁布擦拭板件，在清洁剂、除油剂干燥前紧接着用一块干燥的清洁布擦干清洁剂、除油剂。

（5）银粉漆局部修补喷涂

1）根据损伤面积确定需调配色漆的数量，避免过多或过少。调配过多会造成浪费，调配过少则达不到颜色美观的效果。

2）将调配好的色漆充分搅拌均匀，经 125 目过滤网过滤后装入喷枪，并调试喷枪的气压、出漆量、喷幅等参数。

3）色漆修补喷涂。色漆修补喷涂时，先对中涂底漆的部位喷涂 1~2 层色漆，预先遮盖中涂底漆，每层之间需要闪干 5~10min，闪干后再喷涂下一层。观察色漆的表面光泽，降至亚光时即可喷涂下一层，也可以指触工件表面非重要位置判断涂膜干燥程度，指触不粘时就可喷涂下一层面漆。最后一层色漆的边缘盖过中涂底漆边缘时采取过渡喷涂，使新喷涂的色漆颜色与旧漆的颜色平缓过渡，以减小色差。喷涂色漆的边缘外应预留 5~7cm 的磨毛区，为清漆喷涂留下空间。连续喷涂过厚会导致溶剂挥发时产生气泡、针孔、失光等缺陷。对于色漆涂膜中的脏点或者微小瑕疵，可在色漆完全闪干后，使用 P1000 精磨砂棉进行精细打磨处理，或使用 P1500~P2000 水砂纸进行湿磨处理。处理完后对处理的部位补喷色漆遮盖打磨部位，使其与周围颜色一致。正确的喷涂方式可保证铝片均匀排列，具有正侧面闪光效果且与周围一致，即在某些角度观察有闪光，在另外一些角度观察则暗淡。

14.2　银粉漆局部修补后的清漆整板喷涂

清漆为双组分涂料，主要对涂层起赋予光泽、增强耐候性、保护等作用。

喷涂清漆应根据当地气温，选择与气温相适应的清漆、固化剂、稀释剂，根据生产商提供的配方，合理添加。调配后，应充分搅拌，混合均匀经过滤后装入枪罐，再喷涂试板上调试喷枪的气压、出漆量、喷幅等参数。喷涂清漆时一般常规喷涂两遍即可，如果有漏喷或喷涂遮盖不严时可补喷第三遍。每一遍喷涂完毕要闪干 5~10min 闪干的过程也是充分流平的过程。当最后一遍喷涂完毕仍然要闪干 5~10min，按要求闪干后可加温烘烤。

14.3　银粉漆整板喷涂前的打磨

银粉漆整板喷涂前，应仔细检查中涂底漆漆面有无流挂、鱼眼、脏点等瑕疵。完成中涂底漆喷涂的板件，使用红外线烤灯烘烤至完全干燥。烤灯距离板件表面 70~90cm，温度设定为 70℃。烘烤完毕，待板件冷却至自然温度，在中涂底漆表面均匀涂抹上炭粉指示剂，选用 3 号打磨机、中间软垫和 P500 干磨砂纸对中涂底漆漆面进行打磨，彻底去除桔皮，打磨平整。在打磨板件的边、角、棱处时，为防止磨穿中涂底漆，可利用灰色百洁布进行打磨。

打磨中涂底漆的目的是消除中涂底漆上的桔皮，保证最后的喷涂效果。需要喷涂银粉漆前，应使用不低于 P500 的干磨砂纸进行打磨，打磨至中涂底漆表面完全亚光，无漏打磨及打磨不均匀现象。

14.4　银粉漆整板喷涂

银粉漆整板喷涂的施工可以分为底色漆调配、清漆调配、底色漆喷涂、清漆喷涂等几个步骤。银粉漆整板喷涂前需按要求彻底打磨板件，包括边、角、筋线及第一折边外区域。喷涂银粉漆时应先喷涂第一折边外边缘及板件四周，然后按正常喷涂的次序喷涂银粉漆。银粉漆喷涂时每层之间按要求闪干 5~10min。对于遮盖力好的银粉漆一般喷涂两遍，最后一遍使用，雾喷可使颜色更均匀。

14.5　技 能 训 练

14.5.1　使用喷枪完成银粉漆修补（银粉色母质量低于总色母质量的 60%）

1. 训练准备

（1）个人防护用品　防尘口罩、活性炭口罩、棉纱手套、一次性乳胶手套、丁腈橡胶手套、安全鞋、防静电工作服、安全眼镜、耳塞、工作帽。

（2）工件　已涂面漆的翼子板 1 件。

（3）工具　费斯托无尘干磨系统 1 套（配备偏心距为 3mm 和 6mm 的打磨机）、炭粉指示盒 1 套、原子灰刮板、清洗槽或不锈钢盆 1 个、毛刷 1 个、普通垃圾桶 1 个、防火垃圾桶 1 个、除油剂喷壶 1 个、水性清洁剂喷壶 1 个、红外线烤灯 1 台、搅拌原子灰的比例尺、翼子板支架 1 台、打磨材料工作台。

（4）打磨材料　6in 9 孔 P80、P120、P180、P240、P320、P400、P500 砂纸或 6in 相同粒度的砂网，各 2 张/人；70mm×125mm 的 P80、P120、P180、P240、P320 手刨砂纸或砂网，各 2 张/人；红色百洁布（相当于 P400 砂纸）、灰色百洁布（相当于 P600 水砂纸），各 1 张/人。

（5）清洁遮蔽材料　清洁除油布，5 张/人；遮蔽胶带，2 卷/人；除油剂，例如 PPG 公司的 P850-14（快干，适用于气温较低时及板块修补）、P850-1402（慢干，适用于气温较高时），用于喷涂前对底材上的污物做彻底清洁；清洁剂 P273-901，用于清除油渍、污渍及硅酮物等。

（6）填充材料　万能原子灰（合金腻子）P551-1052 1 套、擦涂式填眼灰 A655 1 支、自喷灌侵蚀底漆 P565-9085 1 罐。

（7）中涂底漆　中涂底漆 100g（按比例调配）。

（8）银粉漆　银粉漆 100g（按比例调配）。

2. 训练要求

1）正确穿戴个人防护用品，做好个人安全防护。

2）掌握废弃物的分类，熟练掌握防火要求。

3）理解 5S 管理要求，按 5S 管理要求进行操作。

4）熟练掌握使用喷枪完成银粉漆修补的步骤和方法。

3. 基本操作步骤

操作步骤描述：按要求穿戴个人防护用品→喷涂前检查喷烤漆房→检查板件→翼子板损伤区域的原子灰施工→在损伤区域喷涂中涂底漆→清洁、除油、除尘→银粉漆局部修补喷涂→5S 管理。

（1）按要求穿戴个人防护用品　例如防尘口罩、活性炭口罩、棉纱手套、一次性乳胶手套、丁腈橡胶手套、安全鞋、防静电工作服、安全眼镜、耳塞、工作帽等。

（2）喷涂前检查喷烤漆房

1）喷烤漆房内的空气必须过滤。

2）空气在室内的流动应是自上而下，这样不易形成空气死角和漆雾回落而影响喷涂质量。

3）室内空气的流速应在 0.3~0.5m/s 的范围内，过快或过慢的气流都会影响涂膜的流平性。

4）排风量应稳定，并要求供风量略大于排风量，以免外界空气进入，也可避免内外压差过大而使漆雾外溢。

5）清洁、清扫喷烤漆房内部的灰尘和碎屑（包括天花板和地板，以防止天花板和地板上的灰尘随喷烤漆房内空气流通而飘浮在空气中，对漆面造成污染）。清洁喷烤漆房之后需要先抽风 10min 左右，再进行后续工作。

（3）检查板件　检查已涂装银粉漆的翼子板，发现翼子板前部有面漆划伤。板件损伤如图 14-1 所示。

（4）翼子板损伤区域的原子灰施工

1）检查板件，确定损伤区域为面漆划伤破损。

2）清洁除油损伤区域（应大于需喷涂清漆区域 10%~20%面积），或者清洁除油整块板件。

3）使用无尘干磨机配合 P60、P80、P120、P180 砂纸打磨损伤区域去除旧漆，并打磨羽状边。

4）在损伤区域刮涂原子灰并打磨（按照刮涂、打磨原子灰的流

图 14-1　板件损伤

151

程进行施工）。原子灰施工如图 14-2 所示。

图 14-2　原子灰施工

5）打磨原子灰完毕，擦除粉尘、清洁除油。清洁除油如图 14-3 所示。

6）遮蔽非中涂底漆喷涂区域（注意在分界处采取反向遮蔽）。反向遮蔽如图 14-4 所示。

图 14-3　清洁除油

图 14-4　反向遮蔽

（5）在损伤区域喷涂中涂底漆

1）选择灰度并调配中涂底漆。根据损伤板件的面漆颜色选择调配对应灰度的底漆，经过滤网过滤后装入枪罐。

2）调试喷枪。在试喷纸上试喷，并根据试喷结果调整喷枪的气压、出漆量、喷幅等参数。

3）喷涂中涂底漆遮盖原子灰，闪干 5~10min 后，喷涂第二层中涂底漆。喷涂的第二层中涂底漆比第一层中涂底漆的面积稍大 10%~20%，还要避免两层喷涂重叠导致过厚的接口。闪干 5~10min 后，再喷涂第三层中涂底漆。喷涂的第三层中涂底漆比第二层中涂底漆的面积稍大 10%~20%，且在喷涂边缘时采取边缘过渡喷涂。闪干 5~10min 后烘烤干燥。修补喷涂中涂底漆如图 14-5 所示。

图 14-5　修补喷涂中涂底漆

4）中涂底漆干燥后，除去遮蔽纸，开始打磨中涂底漆。用 P600 或 P800 以上的砂纸轻轻打磨一遍，同时检查有无砂眼及无凹凸不平。打磨面积应比中涂底漆面积稍大 10%~

20%，并在外围 7～10cm 的范围内研磨出磨毛区，扩大打磨范围，增强面漆在旧漆膜上的附着力。最终完成整板打磨工序，为修补喷涂色漆和整板喷涂清漆工序做准备。打磨中涂底漆如图 14-6 所示。

图 14-6　打磨中涂底漆

（6）清洁、除油、除尘　清洁、除油时应用清洁剂、除油剂浸湿一块清洁布擦拭板件，在清洁剂、除油剂干燥前紧接着用一块干燥的清洁布擦干清洁剂、除油剂。最后，用粘尘布进行喷涂面漆前的除尘作业。清洁、除油、除尘如图 14-7 所示。

图 14-7　清洁、除油、除尘

（7）银粉漆局部修补喷涂

1）根据损伤面积确定需调配色漆的数量，避免过多或过少，调配过多会造成浪费，调配过少则达不到颜色完美的效果。

2）将调配好的色漆充分搅拌均匀，经过滤后装入喷枪，并调试喷枪的气压、出漆量、喷幅等参数。在进行修补作业时，最好使用专业的修补用枪（如 SATA4400-120），并调整好喷幅、出漆量及喷涂气压等参数。

3）色漆修补喷涂。色漆修补喷涂时，先对中涂底漆的部位喷涂 1～2 层色漆，预先遮盖中涂底漆，每层之间需要闪干 5～10min，闪干后再喷涂下一层。观察色漆的表面光泽，降至亚光时即可喷涂下一层，也可以指触工件表面非重要位置判断涂膜干燥程度，指触不粘时就可喷涂下一层面漆。最后一层色漆的边缘盖过中涂底漆边缘时采取过渡喷涂，使新喷涂的色漆的颜色与旧漆的颜色平缓过渡，以减小色差。喷涂色漆的边缘外应预留 5～7cm 的磨毛区，为清漆喷涂留下空间。连续喷涂过厚会导致溶剂挥发时产生气泡、针孔、失光等缺陷。对于色漆涂膜中的脏点或者微小瑕疵，可在色漆完全闪干后，使用 P1000 精磨砂棉进行精细打磨处理，或使用 P1500～P2000 水砂纸进行湿磨处理。处理完后对处理的部位补喷色漆遮盖打磨部位，使其与周围颜色一致。正确的喷涂方式可保证铝片均匀排列，具有正侧面闪光效果，即在某些角度观察有闪光，在另外一些角度观察则暗淡。

（8）5S 管理　按 5S 管理整理、清洁工位及清洗喷枪。

14.5.2　使用喷枪完成银粉漆局部修补后的清漆整板喷涂

1. 训练准备

（1）个人防护用品　防尘口罩、活性炭口罩、供气式面罩、棉纱手套、一次性乳胶手套、丁腈橡胶手套、安全鞋、防静电工作服、安全眼镜、耳塞、工作帽。

（2）工件　已局部修补喷涂银粉漆的翼子板 1 件。

（3）工具　红外线烤灯 1 台、翼子板支架 1 台、清漆喷枪。

（4）清洁遮蔽材料　清洁除油布，5 张/人；遮蔽胶带，2 卷/人；除油剂，例如：PPG公司的 P850-14、P850-1402，用于喷涂前对底材上的污物做彻底清洁；清洁剂 P273-901，用于清除油渍、污渍及硅酮物等。

（5）清漆　清漆 150g（按比例调配）。

2. 训练要求

1）正确穿戴个人防护用品，做好个人安全防护。

2）掌握废弃物的分类，熟练掌握防火要求。

3）理解 5S 管理要求，按 5S 管理要求进行操作。

4）熟练掌握使用喷枪完成清漆整板喷涂的步骤和方法。

3. 基本操作步骤

操作步骤描述：按要求穿戴个人防护用品→检查板件→清漆喷涂→加温烘烤。

（1）按要求穿戴个人防护用品　例如防尘口罩、活性炭口罩、棉纱手套、一次性乳胶手套、丁腈橡胶手套、安全鞋、防静电工作服、安全眼镜、耳塞、工作帽等。

（2）检查板件　检查已修补喷涂银粉漆的翼子板，查看有无漏喷、漆雾、尘点、喷花等现象。

（3）清漆喷涂

1）根据当地温度，选择合适的清漆、固化剂、稀释剂。

2）调配清漆时，清漆、固化剂、稀释剂的添加比例应适当（应根据生产商提供的配方合理添加）。调配后，应充分搅拌，混合均匀。

3）调试装有清漆的喷枪，调整其气压、出漆量、喷幅（扇面）等参数。喷枪调整参数见表 14-1。喷枪如图 14-8 所示。

表 14-1　喷枪调整参数

喷枪口径		1.2~1.3mm	
推荐一	SATAjet 5000-110，RP，1.3mm		
参数	气压	出漆量	扇面
	3.0~4.0bar	2 圈	全开
推荐二	DeVilbiss TT-GTT-13		
参数	气压	出漆量	扇面
	3.0~4.0bar	3 圈	全开

SATAjet 5000，RP喷枪

图 14-8　喷枪

4）在准备好的试喷纸上试喷。

5）喷涂板件时，先喷涂板件四周第一折边外边缘，然后按由上至下的次序喷涂。走枪速度要均匀，喷幅重叠要一致。喷涂完第一遍后闪干 5~10min。

6）漆面闪干后，指触板件第一折边外漆面判断干燥情况，如果表面不粘手就可喷涂第二遍。与喷涂第一遍时相同，先喷涂板件四周第一折边外边缘，然后正常喷涂板件表面。喷涂完第二遍后闪干 5~10min。

7）漆面闪干后，检查清漆是否有漏喷、遮盖不严等现象。如果有漏喷或遮盖不严，可补喷一遍。喷涂完第二遍后闪干 10~20min，可加温烘烤。

注意：第一遍喷涂后，一定要进行合理闪干。闪干时间短，易出现鱼眼、痱子、桔皮大等缺陷；闪干时间长，则使清漆的饱满度下降。

（4）加温烘烤 完成喷涂后，根据 5S 管理的要求，将喷枪等工具、材料拿出喷烤漆房。闪干 10min 左右后，开始烘烤面漆，喷烤漆房由正常气温升至烘烤所需的 60℃需要一定时间。单工序素色漆工件表面达到 60℃后保持 30min。因此，设定喷烤漆房烤漆时间时，应包括升温所需时间和烘烤所需时间。

14.5.3 银粉漆整板喷涂前的打磨

1. 训练准备

（1）个人防护用品 防尘口罩、活性炭口罩、棉纱手套、一次性乳胶手套、丁腈橡胶手套、安全鞋、防静电工作服、安全眼镜、耳塞、工作帽。

（2）工件 已喷涂中涂底漆的门板 1 件。

（3）工具 费斯托无尘干磨系统 1 套、炭粉指示盒 1 套、原子灰刮板、清洗槽或不锈钢盆 1 个、毛刷 1 个、普通垃圾桶 1 个、防火垃圾桶 1 个、除油剂喷壶 1 个、水性清洁剂喷壶 1 个、红外线烤灯 1 台、搅拌原子灰的比例尺、翼子板支架 1 台、打磨材料工作台。

（4）打磨材料 6in 9 孔 P80、P120、P180、P240、P320、P400、P500 砂纸或 6in 相同粒度的砂网，各 2 张/人；70mm×125mm 的 P80、P120、P180、P240、P320 手刨砂纸或砂网，各 2 张/人；红色百洁布、灰色百洁布，各 1 张/人。

（5）清洁遮蔽材料 清洁除油布，5 张/人；遮蔽胶带，2 卷/人；除油剂，例如 PPG 公司的 P850-14、P850-1402，用于喷涂前对底材上的污物做彻底清洁；清洁剂 P273-901，用于清除油渍、污渍及硅酮物等。

2. 训练要求

1）正确穿戴个人防护用品，做好个人安全防护。

2）掌握废弃物的分类，熟练掌握防火要求。

3）理解 5S 管理要求，按 5S 管理要求进行操作。

4）熟练掌握银粉漆整板喷涂前打磨的方法。

3. 基本操作步骤

操作步骤描述：按要求穿戴个人防护用品→安放固定板件→检查工具→检查板件→清洁、除油、除尘→打磨中涂底漆→5S 管理。

（1）按要求穿戴个人防护用品 参照 14.5.2 所述内容。

（2）安装固定板件 安装固定待施工板件，使板件固定牢固，防止掉落。

（3）检查工具　检查工具、耗材是否齐全。

（4）检查板件　检查板件表面中涂底漆有无漏喷、流挂、尘点等瑕疵。已喷涂中涂底漆的板件如图 14-9 所示。

（5）清洁、除油、除尘　清洁、除油时用清洁剂、除油剂浸湿一块清洁布擦拭板件，在清洁剂、除油剂干燥前紧接着用一块干燥的清洁布擦干清洁剂、除油剂。最后，用粘尘布进行喷涂面漆前的除尘作业。

图 14-9　已喷涂中涂底漆的板件

注意：如果喷涂的色漆为水性漆，应进行两遍除油（一遍用水性除油剂，另一遍用油性除油剂）。除油方法与前面的方法一致。

（6）打磨中涂底漆

1）完成中涂底漆喷涂的板件，使用红外线烤灯烘烤至完全干燥。烤灯距离板件表面 70~90cm，温度设定为 70℃。

2）烘烤完毕，待板件冷却至自然温度，在中涂底漆上均匀涂抹上炭粉指示剂。

3）选用 3 号打磨机、中间软垫和 P500 干磨砂纸对中涂底漆漆面进行打磨，彻底去除桔皮，打磨平整。打磨中涂底漆如图 14-10 所示。

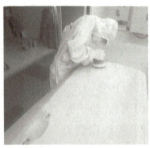

图 14-10　打磨中涂底漆

4）在打磨板件的边、角、棱处时，为防止磨穿中涂底漆，可在打磨机上粘贴灰色百洁布进行打磨或手工打磨。

注意：打磨中涂底漆的目的是消除中涂底漆上的桔皮，保证最后的喷涂效果。如果要喷涂金属色漆，应使用不低于 P500 的干磨砂纸进行打磨。

5）打磨完毕，板件表面完全亚光，无漏打磨现象，无桔皮。然后清除打磨粉尘，按清洁、除油的工序再次清洁板件。

（7）5S 管理　按 5S 管理要求整理、清洁工位。

14.5.4　使用喷枪完成银粉漆整板喷涂（银粉色母质量高于总色母质量的 60%）

1. 训练准备

（1）个人防护用品　防尘口罩、活性炭口罩、供气式面罩、棉纱手套、一次性乳胶手套、丁腈橡胶手套、安全鞋、防静电工作服、安全眼镜、耳塞、工作帽。

（2）工件　已喷涂中涂底漆的翼子板 1 件。

（3）工具　费斯托无尘干磨系统 1 套、炭粉指示盒 1 套、原子灰刮板、清洗槽或不锈钢盆 1 个、毛刷 1 个、普通垃圾桶一个、防火垃圾桶 1 个、除油剂喷壶 1 个、水性清洁剂喷壶 1 个、红外线烤灯 1 台、搅拌原子灰的比例尺、翼子板支架 1 台、打磨材料工作台。

（4）打磨材料　6in 9 孔 P80、P120、P180、P240、P320、P400、P500 砂纸或 6in 相同粒度的砂网，各 2 张/人；70mm×125mm 的 P80、P120、P180、P240、P320 手刨砂纸或砂网，各 2 张/人；红色百洁布、灰色百洁布，各 1 张/人。

（5）清洁遮蔽材料　清洁除油布，5 张/人；遮蔽胶带，2 卷/人；除油剂，例如 PPG 公司的 P850-14、P850-1402，用于喷涂前对底材上的污物做彻底清洁；清洁剂 P273-901，用于清除油渍、污渍及硅酮物等。

（6）银粉漆　银粉漆 150g（按比例调配）。

2. 训练要求

1）正确穿戴个人防护用品，做好个人安全防护。

2）掌握废弃物的分类，熟练掌握防火要求。

3）理解 5S 管理要求，按 5S 管理要求进行操作。

4）熟练掌握使用喷枪完成银粉漆整板喷涂的步骤和方法。

3. 基本操作步骤

操作步骤描述：按要求穿戴个人防护用品→喷涂前检查喷烤漆房→检查板件→打磨→清洁、除油、除尘→银粉漆喷涂→5S 管理。

（1）按要求穿戴个人防护用品　防尘口罩、活性炭口罩、棉纱手套、一次性乳胶手套、丁腈橡胶手套、安全鞋、防静电工作服、安全眼镜、耳塞、工作帽。

（2）喷涂前检查喷烤漆房

1）喷烤漆房内的空气必须过滤。

2）空气在室内的流动应是自上而下，这样不易形成空气死角和漆雾回落而影响喷涂质量。

3）室内空气的流速应在 0.3~0.5m/s 的范围内，过快或过慢的气流都会影响涂膜的流平性。

4）排风量应稳定，并要求供风量略大于排风量，以免外界空气进入，也可避免内外压差过大而使漆雾外溢。

5）清洁、清扫喷烤漆房内部的灰尘和碎屑（包括天花板和地板，以防止天花板和地板上的灰尘随喷烤漆房内空气流通而飘浮在空气中，对漆面造成污染）。清洁喷烤漆房之后需要先抽风 10min 左右，再进行后续工作。

（3）检查板件　检查已喷涂中涂底漆的翼子板，查看有无流挂、尘点等缺陷。

（4）打磨　中涂底漆干燥后，开始打磨中涂底漆。用 P600 或 P800 以上的砂纸轻轻打磨一遍，同时检查有无砂眼和凹凸不平。整板打磨中涂底漆至亚光，以增强色漆与中涂底漆的附着力。最终完成整板打磨工序，为喷涂色漆工序做准备。

（5）清洁、除油、除尘　清洁、除油时应用清洁剂、除油剂浸湿一块清洁布擦拭板件，在清洁剂、除油剂干燥前紧接着用一块干燥的清洁布擦干清洁剂、除油剂。最后，用粘尘布进行喷涂面漆前的除尘作业。

（6）银粉漆喷涂

1）将底色漆充分搅拌，并按产品使用手册的说明按比例添加稀释剂。稀释剂的选择应根据被涂物面积、施工场地周围的环境温度确定使用快干、标准或者慢干。

2）搅拌底色漆与稀释剂，使其充分混合均匀。

3）将调配好的底色漆经过滤网过滤后加入枪罐中。

4）溶剂型双工序银粉漆、珍珠漆一般使用口径为 1.3~1.4mm 的上罐式面漆喷枪或口径为 1.4~1.6mm 的下罐式面漆喷枪；水性漆使用口径为 1.2~1.3mm 的面漆喷枪。为了有利于环保及节约油漆，建议使用 HVLP 环保喷枪。喷涂前应先按照产品要求及所使用的喷枪特性正确调整喷枪。银粉漆一般先喷一个双层，再喷涂一个雾层。

5）调试装有色漆的喷枪时，一般调整其气压、出漆量、喷幅（扇面）等参数。喷枪调整参数见表 14-2。喷枪如图 14-11 所示。

表 14-2　喷枪调整参数

喷枪口径		1.2~1.3mm	
推荐一		SATAjet 5000，HVLP WSB，1.25mm	
参数	气压	出漆量	扇面
中湿	1.3~1.5bar	2 圈	3/4
雾喷	1.1~1.2bar	1 圈	全开
推荐二		DeVilbiss PROGTI-GHV30，1.2mm	
参数	气压	出漆量	扇面
中湿	1.2~1.5bar	2.5 圈	90%~全开
雾喷	1.0bar	2.5 圈	全开

SATAjet 5000，HVLP WSB　　　　DeVilbiss-PROGTI-GHV30

图 14-11　喷枪

6）在准备好的试喷纸上试喷。

7）喷涂板件时，先喷涂板件四周第一折边外边缘，然后按由上至下的次序喷涂。走枪速度要均匀，喷幅重叠要一致。喷涂完第一遍后闪干 5~10min。

8）漆面闪干至完全亚光，再喷涂第二遍。与喷涂第一遍时相同，先喷涂板件四周第一折边外边缘，然后正常喷涂板件表面。喷涂完第二遍后闪干 5~10min。

9）漆面闪干至完全亚光，并检查色漆是否有漏喷、遮盖不严等现象。如果没有漏喷或遮盖不严，可喷最后一遍调整层（也叫雾喷层）。此时应将喷枪的喷幅调至最大，减少出漆量，喷枪的喷涂距离比正常喷涂稍大点，走强速度比正常喷涂稍快点。完成雾喷层后闪干 5~10min。

（7）5S 管理　按 5S 管理要求清洁、整理工位。

项目 15

新旧漆面的抛光

抛光主要是为了增加漆膜的光泽度与平滑度，消除漆面的颗粒、轻微流痕、桔皮、细微砂纸痕、划痕等漆膜表面细小的缺陷。抛光处理既适用于旧漆面翻新，也适用于新喷涂漆面。

（1）旧漆面翻新抛光　汽车表面长期受到阳光、风沙、雨雪、温差等不良环境影响，漆面受到的侵蚀程度复杂多样。这些侵蚀只靠简单的水洗无法将其消除，而要进行翻新抛光处理，通过摩擦和抛光的作用来消除涂面的缺陷，使涂面重新变得光滑、靓丽。

（2）新喷涂面漆抛光　新喷涂漆面可能存在一些缺陷，如流痕、尘粒、桔皮、失光、丰满度差等，以及局部喷涂时飞落于旧涂面的漆尘，新旧漆膜交界处的过渡区域的桔皮。对于这些处于漆面上且不太严重的缺陷，均可通过抛光处理去除。新喷涂漆面应在漆膜完全干燥后进行抛光，清漆在喷涂闪干后经过60℃烘烤大约30min，待漆面冷却后，手指压漆面而不会产生手指印或自然干燥36h后进行抛光。漆面表面的尘点颗粒如图15-1所示。

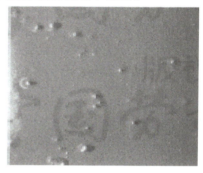

图 15-1　漆面表面的尘点颗粒

15.1　抛光前打磨

15.1.1　抛光前打磨的方法

如果漆面上有轻微流痕、尘粒、桔皮等缺陷，直接抛光很难去除，应先细磨缺陷部位。打磨砂纸型号需参照不同砂纸厂商的要求。通常，可以先用半弹性垫块衬 P1000 水砂纸打磨缺陷部位，然后再用 P1500 水砂纸和 P2000 水砂纸打磨，如图15-2所示。在手工打磨时，力度要适中，以旋转打磨方式，磨至缺陷消除、周围部分无光。但一定要注意，千万不能磨穿漆膜。

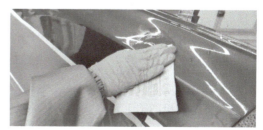

图 15-2　手工打磨

还可以使用偏心距小于 3mm 的双动作打磨机配合 P1500 干磨砂纸、P2000 干磨砂纸、P4000 干磨砂纸打磨缺陷（见图 15-3），把流痕、脏粒、轻微划痕打磨平整，使缺陷打磨部位达到亚光。但一定要注意不能磨穿漆膜，否则就需要重新喷涂。当缺陷部位面积不大时，使用小型打磨机及抛光机进行点打磨、点抛光是高效且低成本的方法。

图 15-3　使用打磨机打磨

15.1.2　抛光工艺

　　（1）抛光前个人防护　按照防护要求做好自身安全防护，穿戴整齐工作帽、工作服、防尘口罩、活性炭口罩、丁腈橡胶手套、护目镜、安全鞋等。个人防护如图 15-4 所示。

　　（2）检查　检查漆面的瑕疵和尘点。

　　（3）遮蔽　将非抛光打磨区域遮蔽，以防止污染非抛光打磨区域，缩短后续清理清洁工作时间，减轻不必要的劳动强度。遮蔽如图 15-5 所示。

图 15-4　个人防护　　　　　　　　　　　　　　图 15-5　遮蔽

　　（4）打磨　尘点打磨如图 15-6 所示。

图 15-6　尘点打磨

　　（5）粗抛光　使用抛光机安装羊毛轮，将中粗抛光剂均匀涂抹在羊毛轮或需抛光的板件表面，将抛光机的羊毛轮与板件轻轻接触（不要用力压），然后以较慢的速度旋转抛光轮，防止涂敷在羊毛轮或板件表面的抛光剂因高速旋转而被打飞。均匀地移动抛光机，当抛光机将抛光剂涂布均匀后，将抛光机转速提高到 1200~2100r/min，继续均匀地移动抛光机不要停留，以防止损坏漆面。粗抛光完毕，清洁抛光区域，将抛光剂清理干净，再用干净的毛巾擦拭抛光区域。粗抛光如图 15-7 所示。

图 15-7　粗抛光

（6）细抛光　粗抛光完成后，更换清洗干净的粗抛海绵轮，将细抛光剂均匀涂抹在海绵轮或需抛光的板件表面，将抛光机的海绵轮与板件轻轻接触（不要用力压），然后以较慢的速度旋转抛光轮，防止涂敷在海绵轮或板件表面的抛光剂因高速旋转而被打飞。均匀地移动抛光机，当抛光机将抛光剂涂布均匀后，将抛光机转速提高到 1200~2100r/min，继续均匀地移动抛光机不要停留，以防止损坏漆面。细抛光完毕，清洁抛光区域，将抛光剂清理干净，再用干净的毛巾擦拭抛光区域。细抛光如图 15-8 所示。

图 15-8　细抛光

（7）镜面抛光　细抛光完成后，更换清洗干净的细抛海绵轮，将镜面抛光剂均匀涂抹在细抛海绵轮或需抛光的板件表面，将抛光机的细抛海绵轮与板件轻轻接触（不要用力压），然后以较慢的速度旋转抛光轮，防止涂敷在海绵轮或板件表面的抛光剂因高速旋转而被打飞。均匀地移动抛光机，当抛光机将抛光剂涂布均匀后，将抛光机转速提高到 1200~2100r/min，继续均匀地移动抛光机不要停留，以防止损坏漆面。镜面抛光完毕，清洁抛光区域，将抛光剂清洁干净，用干净的毛巾擦拭抛光区域。镜面抛光如图 15-9 所示。

（8）手工抛光去除太阳纹　镜面抛光完成后，更换清洗干净的毛巾，将镜面抛光剂均匀涂抹在毛巾或需抛光的板件表面，手工均匀擦拭抛光区域，边擦拭边观察手工擦拭的效果或去除太阳纹的效果。手工抛光完毕，清洁抛光区域，将抛光剂清理干净。手工抛光去除太

161

图 15-9　镜面抛光

阳纹如图 15-10 所示。

图 15-10　手工抛光去除太阳纹

（9）清洁、去除遮蔽　用干净的毛巾擦拭抛光区域，最后去除遮蔽纸，清洗、清洁板件。清洁、去除遮蔽如图 15-11 所示。

图 15-11　清洁、去除遮蔽

15.1.3　耐擦伤清漆相关知识

1. 涂层的技术要求

（1）附着力　附着力是指漆膜与被涂物件表面结合在一起的牢固程度，附着力的好坏对涂膜的保护和装饰性能起着决定性的作用。测定漆膜附着力的常用方法有划圈法和十字划格法，如图 15-12 所示。

1）划圈法：使用附着力测定仪在漆膜上划出划痕，根据圆滚线划痕范围内漆膜的完整程度评定级别。

2）划格法：用附着力测试仪在涂层的样板上切 6 道或 11 道平行的切痕（长 10~20mm），切痕间的距离有 1mm、2mm 和 3mm 3 种，切痕应切穿整体涂层触及底材但不能损

图 15-12　测定漆膜附着力的常用方法

伤底材，然后再垂直前者切同样的 6 道或 11 道切痕，形成 25 个或 100 个方格，用软毛刷沿方格的两对角线方向轻轻刷掉切屑，用胶带粘贴方格部位并进行撕拉，最后检查涂层脱落的程度，以评定涂层附着力的等级。通常 0 级最好，4 级最差。

（2）光泽度　漆膜的光泽度是指漆膜表面受光照射时光线向一定方向反射的能力，也称为镜面光泽度。漆膜的光泽度是涂料装饰性能的重要指标，其高低取决于漆膜的平整度、光滑度。光泽度测试如图 15-13 所示。

（3）硬度　涂膜要保护被涂物体的表面，就必须具有一定的硬度。涂膜的硬度是指涂膜抵抗擦划、碰撞、压陷等机械外力作用的能力。在汽车修补喷涂企业中，对修补涂膜硬度的测定常使用铅笔硬度法（见图 15-14）。

图 15-13　光泽度测试

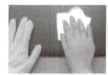

4B — 3B — 2B — B — HB — F — H — 2H — 3H — 4H

SOFT ⟶ HARD

图 15-14　铅笔硬度法

漆膜硬度并非越高越好，原厂漆及双组分聚合型修补漆的硬度范围一般在 H~2H。漆膜硬度过高，也反倒会给漆膜带来相应问题，例如缺乏柔韧性、容易脆裂等。

（4）厚度　干膜厚度是指涂层完全干燥后的厚度。干膜厚度直接影响漆膜的外观及各种物理性能和化学性能，故要对涂层干膜厚度进行测定以判断其是否合理。一般多采用磁性测厚仪（即通常所称的膜厚仪）测试涂膜厚度，如图 15-15 所示。

图 15-15　测试涂膜厚度

163

（5）耐酒精、耐摩擦测试　耐酒精、耐摩擦测试的判定依据：在规定的测试条件下，不可露底材。耐酒精、耐摩擦测试如图 15-16 所示。

图 15-16 耐酒精、耐摩擦测试

2. 普通清漆与耐擦伤清漆的比较

普通清漆虽然具有一定的保护作用，其表面的硬度相对较低，由于对漆面养护不当，如洗车使用工具不当等人为原因，以及风沙等自然原因，汽车使用一段时间后车漆表面就会留下很多细微的划痕，而影响漆面的亮度和颜色表现，尤其是深颜色漆面受到划痕的影响更为明显。普通清漆的漆膜是有机化合物，随着时间的推移其表面抗机械影响的能力逐步降低。耐擦伤清漆采用纳米技术，如清漆内添加陶瓷微粒，形成一层紧密交联的高硬度涂层，可提供持久的牢固度和耐擦伤性能。清漆漆膜由上、下两部分组成，上层部分（约占 10%）的表层是采用二氧化硅纳米颗粒技术制成的无机层，硬度特别高，其抗刮擦能力随着时间的推移基本保持不变，所以漆面能保持长期光泽，大部分中高档车的漆面都使用了耐擦伤清漆，这从车身的色号或车辆识别代码（VIN）上就可以辨识。很多油漆厂家不但生产汽车制造厂生产线所用的高温固化油漆，同时也生产汽车售后服务市场所用的低温修补漆。原厂漆涂层的结构：清漆层约 45μm，色漆层约 15μm，中涂漆层约 30μm，电泳底漆层约 20μm，磷化层约 2μm，底材为钢板。耐擦伤清漆的耐擦伤性、柔韧性、干燥性以及抛光性之间的平衡如图 15-17 所示。

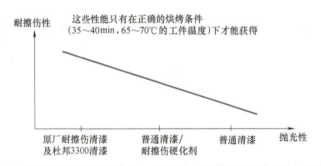

图 15-17 耐擦伤清漆的耐擦伤性、柔韧性、干燥性以及抛光性之间的平衡

3. 耐擦伤清漆的施工

耐擦伤清漆的底材处理：对于喷涂了耐擦伤清漆的车辆，由于其漆膜表面非常坚硬，在底材处理工序中必须将原车的漆膜彻底打磨掉，如果使用的砂纸过细或未充分打磨耐擦伤清漆漆膜，就不能保证新涂装漆膜的附着力。

修补喷涂耐擦伤清漆的方法：驳口喷涂。

驳口准备：使用干磨机配合 P1500 砂纸对驳口区域进行打磨，更换 P2000 砂纸对驳口区域继续进行打磨，最后用 P2000 精磨砂棉或 3M Trizact（研磨垫）砂纸对驳口区域进行最终打磨。驳口和需喷涂清漆区域必须打磨至全亚光。

调配耐划伤清漆：按照油漆制造厂的说明调配清漆。调配清漆时按 2∶1 混合高浓度固化剂，即 2 份清漆加 1 份固化剂。至于稀释剂的添加比例，不同的油漆品牌添加稀释剂的比例也不同，应按照油漆使用说明进行。

喷涂耐擦伤清漆：喷涂黏度为 17~18s（DIN 4mm 杯，20℃），喷枪口径为 1.3~1.4mm。喷涂 2 层即可达到规定的干膜厚度（40~60μm），层间需闪干 10~15min（20℃）。喷涂完毕需闪干 10~15min（20℃），闪干后烘烤 35~40min（65~70℃工件温度）。

（1）驳口喷涂工艺一

1）在底色漆修补区域喷涂第一道清漆，经过闪干后喷涂第二道清漆，完全覆盖底色漆部分（要确保第二道清漆不要超过打磨区域），然后准备进行清漆的驳口喷涂。

2）将混合了固化剂的清漆与驳口水按 1∶1 的比例混合。

3）将混合漆料沿着修补清漆的边缘向打磨过的旧漆部位做驳口喷涂。

4）以驳口水沿驳口区域向打磨过的旧漆部位再次做驳口过渡。

5）在 65~70℃工件温度下烘烤 35~40min，然后用红外线烤灯在全功率条件下至少烘烤 20min。

（2）驳口喷涂工艺二

1）将混合了固化剂的清漆与驳口水按 1∶1 的比例混合。

2）将此混合漆料沿着修补清漆的边缘向着打磨的旧漆部位做驳口喷涂。

3）将混合了固化剂的清漆与驳口水按 2∶1 的比例混合。

4）将此混合漆料沿着驳口区域向着打磨过的清漆部位再次做驳口喷涂。

5）在 65℃工件温度下烘烤 35~40min，然后用红外线烤灯在全功率条件下烘烤至少 12min。

4. 耐擦伤清漆施工的注意事项

1）耐擦伤清漆喷涂施工后必须烘烤干燥，不可自然干燥。

2）应在完全干燥后作业，不可过早抛光。

5. 耐擦伤清漆抛光的方法

（1）准备　喷涂耐擦伤清漆后在 65~70℃下干燥 35~40min，在室温下冷却。

（2）抛光前打磨　采用偏心距为 3mm 的费斯托双动作打磨机或费斯托 ES 125 型电动偏心振动打磨机，配合费斯托 Platin2 型 S4000 砂纸、百洁布和抛光清洁剂进行打磨。打磨完毕，清洁修补耐擦伤清漆的区域，并检查有无因遗漏而未打磨的粉尘、脏点、流挂、桔皮、漆雾等瑕疵。

（3）粗抛光　采用旋转抛光机，选用羊毛轮配合粗抛光剂对修补区域的漆面进行粗抛光。粗抛光后使用百洁布配合抛光清洁剂清洁抛光区域。

（4）精抛光　采用旋转抛光机，选用中粗海绵轮配合抛光剂进行精抛光。精抛光完毕后使用百洁布配合抛光清洁剂清洁抛光区域。

（5）消除斑马纹　采用旋转抛光机，选用精细抛光海绵轮配合耐擦伤清漆专用抛光剂进行精细抛光，消除斑马纹。精细抛光完毕后使用百洁布配合抛光清洁剂清洁抛光区域。

注意：1）驳口区域在喷涂耐擦伤清漆前必须先用 3M P4000 砂纸彻底打磨。

2）驳口区域在抛光前也必须先用 3M P4000 砂纸彻底打磨。

3）使用可变速抛光机抛光，开始时使用较小的转速。

4）漆面的缺陷（如尘点、桔纹）可以在冷却 1~2h 以后按常规方法处理，漆面流挂处需先用红外线烤灯烘烤使内外干燥硬度一致，然后按抛光的方法抛光。

15.2　抛光工具和抛光材料知识

1. 抛光机

1）抛光机有电动式抛光机和气动式抛光机两种。电动式抛光机的优点是不受气源的影

工作时间，减轻不必要的劳动强度。

（4）抛光前打磨　采用偏心距为 3mm 的费斯托双动作打磨机或费斯托 ES 125 型电动偏心振动打磨机，配合费斯托 Platin2 型 S4000 砂纸进行打磨。打磨完毕，使用百洁布和抛光清洁剂清洁修补打磨区域，并检查有无因遗漏而未打磨的粉尘、脏点、流挂、桔纹、漆雾等瑕疵。

（5）整理　按 5S 管理要求清洁、整理工位。

15.3.2　抛光

1. 训练准备

（1）个人防护用品　工作帽、工作服、防尘口罩、活性炭口罩、丁腈橡胶手套、护目镜、安全鞋。

（2）工具　旋转式可调速抛光机、抛光羊毛轮、抛光海绵轮、（粗、中粗、细）抛光剂、镜面处理剂、百洁布、抛光清洁剂。

2. 训练要求

1）正确穿戴个人防护用品，做好个人安全防护。

2）掌握废弃物的分类，熟练掌握防火要求。

3）理解 5S 管理要求，按 5S 管理要求进行操作。

4）熟练掌握使用抛光工具对板件进行抛光的步骤和方法。

3. 基本操作步骤

操作步骤描述：抛光前个人防护→粗抛光→细抛光→镜面抛光→手工抛光去除太阳纹→清洁、去除遮蔽→整理。

（1）抛光前个人防护　按要求穿戴个人防护用品。

（2）粗抛光　参照 15.1.2 所述内容完成操作。

（3）细抛光　参照 15.1.2 所述内容完成操作。

（4）镜面抛光　参照 15.1.2 所述内容完成操作。

（5）手工抛光去除太阳纹　参照 15.1.2 所述内容完成操作。

（6）清洁、去除遮蔽　参照 15.1.2 所述内容完成操作。

（7）整理　按 5S 管理要求清洁、整理工位。

理论考试及技能考评

16.1 理论考试

16.1.1 汽车车身涂装修复工（高级）理论知识试题

汽车车身涂装修复工（高级）理论知识试题（考试时间 90 分钟）

一、判断题：判断对错，对的"√"，错的"×"（30 道题，每题 1 分，共 30 分）

1. 双组分反应型和烘烤干燥型的涂料干燥后比空气干燥型的软。　　　（　　）
2. 打磨腻子层主要是为了取得平整光亮的表面。　　　（　　）
3. 腻子主剂与固化剂配制后，隔日可再次使用。　　　（　　）
4. 在贴遮蔽纸前清洁修补区域周围，同时需用除油剂擦抹腻子。　　　（　　）
5. 为了提高效率，可连续喷涂，不必等前一道漆闪干就可以喷涂后一道漆。（　　）
6. 所有防腐底漆和中涂底漆都能填补砂眼。　　　（　　）
7. 修补塑料件时，引起漆膜附着力差的原因是没有进行适当的清洁。　　（　　）
8. 金属色涂料以干喷涂的方式喷涂时，涂层表面产生多彩明亮的效果。　（　　）
9. 钣金腻子可直接施涂于镀锌板表面。　　　（　　）
10. 腻子层要有一定的韧性和硬度，以防因汽车行驶中的振动、开裂或轻微碰撞而产生划痕。　　　（　　）
11. 汽车车身平面处用硬刮具刮涂，但对圆弧较大部位也可适当使用橡胶刮具。（　　）
12. 腻子的第四道打磨使用 P240 砂纸配合手刨进行。　　　（　　）
13. 炭粉指示层的目的是显示未打磨区域及砂眼，方便矫正。　　　（　　）
14. 若喷涂环氧底漆则要干燥后再刮腻子。　　　（　　）
15. 在要求较高或湿热环境下使用的车辆一般应使用环氧底漆。　　　（　　）
16. 喷涂清漆层的作用是保护底层漆、抗紫外线及提高光泽度。　　　（　　）
17. 洗车后在烈日下暴晒容易形成水印，用抹布可以擦拭去除。　　　（　　）
18. 大多数涂层缺陷是由油漆质量问题造成的。　　　（　　）
19. 涂料组成中，树脂、颜料等属于不挥发成分，溶剂属于挥发成分。　　（　　）
20. 底涂层应具有优良的封闭性，有防"三渗"性能，即防渗水、防渗氧、防渗离子。　　　（　　）
21. 涂膜老化基本上是由高分子树脂的降解和聚合作用所造成的。　　　（　　）
22. 汽车涂装工艺的检验主要是对涂料、被涂物和涂层的检验。　　　（　　）

23. 涂膜出现红丝或透过涂膜的锈点，前者称为丝状腐蚀，后者称为疤形腐蚀。（　）

24. 可以用去离子水代替溶剂来稀释水性漆进行喷涂。（　）

25. 在喷涂水性漆前，先用水性清洁剂清洁表面，再使用除油剂清洁表面。（　）

26. 虽然水性漆很环保，但也需用处理油性漆废物的方法进行。（　）

27. 水性漆调色时，可以用湿法对色，即用比例尺拉起调好的漆，直接比对颜色是否准确。（　）

28. 水性漆若冻结，仍能在解冻后安全使用。（　）

29. 如果出现了严重的颜色异构现象，仅在原配方基础上增减色母数量已经不能很好地解决问题了，这时一定要改变所用的色母。（　）

30. 为防止发生中毒事故，施工场地应该有良好的通风或排风设备，以使空气流通，加速溶剂气体散发，降低溶剂在空气中的浓度。（　）

二、单选题：题中只有一个答案是正确的（40道题，每题1分，共40分）

1. 进行清洁除油时，应遵循的原则是（　）。
A. 先湿擦，后干擦　　　　B. 先干擦，后湿擦　　　　C. 湿擦即可

2. 在干磨作业中，前道工序使用P180砂纸，则后道工序应使用（　）。
A. P320砂纸　　　　B. P240砂纸　　　　C. 越细越好

3. 清除旧漆的最佳方法是（　）。
A. 使用单动作打磨机配合P80砂纸
B. 使用双动作打磨机配合P80砂纸
C. 使用砂轮机

4. 下列选项中，最适合用于刮涂腻子前打磨羽状边的是（　）。
A. P240砂纸配合双动作打磨机
B. P320砂纸配合单动作打磨机
C. P120砂纸配合双动作打磨机

5. 关于反向遮蔽的描述，正确的是（　）。
A. 这是一种使灰尘难以附着在油漆表面的遮蔽方法
B. 它使用的目的是尽可能地减少油漆喷涂的边痕
C. 这种方法使喷涂的边痕清晰地显露出来

6. 旧漆膜打磨的主要目的是（　）。
A. 提供附着力　　　　B. 提高饱满度　　　　C. 提供光泽度

7. 喷涂单工序素色漆时，机磨中涂底漆应选用的砂纸型号为（　）。
A. P320　　　　B. P400　　　　C. P500

8. 涂膜的光泽是指涂膜表面受光照射时光线向一定方向（　）。
A. 反射的能力　　　　B. 吸收的能力　　　　C. 透射的能力

9. 标志着漆膜老化已经趋向严重，防护性能也开始遭到破坏的阶段是（　）。
A. 失光　　　　B. 变色　　　　C. 粉化

10. 金属漆喷涂时，稀释剂太少、喷枪与工件距离太近、环境温度太低等可能导致（　）。
A. 渗色　　　　B. 鱼眼　　　　C. 发花

11. 如果出现失光，最好的解决方法是（　　　）。

A. 打磨掉重喷

B. 用 P2000 砂纸湿磨后抛光

C. 使用溶剂轻擦即可

12. 划圈法测定漆膜附着力，圆滚线划痕图形使涂膜分成面积大小不同的（　　　）。

A. 5 个部分　　　　　　　　B. 7 个部分　　　　　　　　C. 9 个部分

13. 下列不符合水性漆存储要求的是（　　　）。

A. 存放温度应控制在 5~35℃ 之间

B. 避免暴露在冰冻或霜冻环境中

C. 存放在普通货架上

14. PPG 水性实色漆的推荐稀释比例为（　　　）。

A. 按 1∶1 比例用去离子水稀释

B. 按 5% 的比例加入去离子水即可

C. 按 10% 的比例加入去离子水即可

15. PPG 水性双工序珍珠漆的推荐稀释比例是（　　　）。

A. 按 1∶1 比例用去离子水稀释

B. 按 10%~15% 的比例加入去离子水即可

C. 按 30% 的比例加入去离子水即可

16. 针对起遮盖效果的涂层，如使用 HVLP 喷枪，则推荐的喷枪压力是（　　　）。

A. 入口气压 2.0bar　　　　　B. 入口气压 3.0bar　　　　　C. 入口气压 1.3~1.5bar

17. 在金属表面上形成一层不溶性磷酸盐保护膜的方法叫（　　　）。

A. 去油处理　　　　　　　　B. 磷化处理　　　　　　　　C. 物理处理

18. 车身涂装涂膜的主要作用是（　　　）。

A. 防尘　　　　　　　　　　B. 隔腐　　　　　　　　　　C. 防水

19. 汽车涂料的底漆及中涂底漆对打磨性要求很高，这主要是由（　　　）决定的。

A. 着色颜料　　　　　　　　B. 体质颜料　　　　　　　　C. 防锈颜料

20. 涂膜的流平过程与膜厚有关，厚度减少 1/2，流平时间要（　　　）。

A. 减少 1/2　　　　　　　　B. 增加 4 倍　　　　　　　　C. 增加 8 倍

21. 有些颜料吸附催干剂（如炭黑、钛白等）导致涂料干性减退，解决方法是（　　　）。

A. 补入适量的助催干剂（钙、锌）

B. 再加入一些催干剂

C. 使用更强的溶剂

22. 溶剂的溶解力与（　　　）有关。

A. 活性　　　　　　　　　　B. 温度　　　　　　　　　　C. 分子结构

23. 具有溶解涂料中有机高聚物能力的是（　　　）。

A. 真溶剂　　　　　　　　　B. 助溶剂　　　　　　　　　C. 冲淡剂

24. 涂料中称为漆基的是（　　　）。

A. 树脂　　　　　　　　　　B. 颜料　　　　　　　　　　C. 溶剂

25. 我国涂料产品的分类依据是（   ）。

A. 色彩　　　　　　　　　B. 适用工序　　　　　　　　　C. 成膜物

26. 红外辐射的传播距离每增加一倍，到达物体的红外辐射能量约（   ）。

A. 减少 1/2　　　　　　　　B. 减少 1/4　　　　　　　　C. 增加 1/8

27. 远红外辐射干燥的速度是空气对流干燥的（   ）。

A. 1/4　　　　　　　　　　B. 1/8　　　　　　　　　　C. 1/10

28. 磷化底漆的膜厚为（   ）。

A. $5 \sim 10 \mu m$　　　　　　B. $10 \sim 15 \mu m$　　　　　　C. $15 \sim 20 \mu m$

29. 聚酯腻子调配后，使用时间一般是（   ）。

A. $3 \sim 5 min$　　　　　　　B. $5 \sim 7 min$　　　　　　　C. $7 \sim 10 min$

30. 理论上，每个色母的最小加入量应该在（   ）。

A. 0.1g 以上　　　　　　　B. 0.3g 以上　　　　　　　C. 0.5g 以上

31. 金属漆难以调准，主要因素是（   ）。

A. 侧视色调　　　　　　　B. 颜色异构　　　　　　　C. 色母选用

32. 色母在搅拌架上的保持期一般不超过（   ）。

A. 3 个月　　　　　　　　B. 6 个月　　　　　　　　C. 1 年

33. 在颜色配方中，侧光调暗的珍珠色母用量一般不超过（   ）。

A. 40%　　　　　　　　　B. 30%　　　　　　　　　C. 20%

34. 在做调色试板时，应采用"多层喷涂法"的色泽是（   ）。

A. 金属色　　　　　　　　B. 珍珠色　　　　　　　　C. 幻彩色

35. 双组分涂料混合后应先放置一段时间，便于两组分能均匀缓慢地反应，称作（   ）。

A. 活化期　　　　　　　　B. 使用期　　　　　　　　C. 熟化期

36. 影响涂层质量的主要因素是（   ）。

A. 表面预处理　　　　　　B. 涂料的质量　　　　　　C. 涂施的工艺

37. 在下列涂膜性能的测试中，不会损坏涂层表面的（   ）。

A. 附着力的测定　　　　　B. 光泽的测定　　　　　　C. 硬度的测定

38. 三级火灾危险品的闪点为（   ）。

A. 21℃ 以下　　　　　　　B. 21 ~ 70℃　　　　　　　C. 70℃ 以上

39. 二氧化碳灭火器水压试验的间隔为（   ）。

A. 2 年　　　　　　　　　B. 3 年　　　　　　　　　C. 5 年

40. 溶剂的着火点必须（   ）。

A. 较低　　　　　　　　　B. 较高　　　　　　　　　C. 常温

三、多选题：题中有多个答案是正确的（20 道题，每题 1.5 分，共 30 分）

1. 下列关于表面处理的目的，叙述正确的有（   ）。

A. 保护底材金属，防止生锈　　　　B. 使漆膜和旧漆膜一样坚硬

C. 提高涂层之间的附着力　　　　　D. 改进涂层外观

2. 车身修复涂装工艺分为（   ）。

A. 局部修补工艺　　　B. 电泳涂装工艺　　　C. 整车修补工艺　　　D. 静电涂装工艺

3. 下列关于中涂底漆的作用，叙述正确的有（　　　）。

A. 良好的打磨性能

B. 增强面漆和底漆之间的附着力

C. 良好的隔离性能

D. 填充打磨划痕

4. 打磨腻子时可使用的手刨砂纸型号为（　　　）。

A. P80　　　　　　　　B. P120　　　　　　　　C. P180　　　　　　　　D. P400

5. 下列关于遮蔽时注意事项的叙述，正确的有（　　　）。

A. 清洁和除油　　　　　　　　　　　　　B. 遮蔽的范围

C. 不可拆卸部件的遮蔽　　　　　　　　　D. 使用缝隙胶带

6. 几种常见的保护性封蜡为（　　　）。

A. 油脂型保护蜡　　　　　　　　　　　　B. 树脂型保护蜡

C. 硅油保护蜡　　　　　　　　　　　　　D. 酸性保护蜡

7. 下列属于成品腻子的有（　　　）。

A. 聚酯腻子　　　　　　　　　　　　　　B. 硝基腻子

C. 塑性腻子　　　　　　　　　　　　　　D. 聚酯上光二道浆

8. 下列关于清除旧漆膜的方法，叙述正确的有（　　　）。

A. 使用偏心距为 7mm 的双动作打磨机　　　B. 使用单动作打磨机

C. 采用 P120 干磨砂纸　　　　　　　　　　D. 清除旧漆至裸露金属

9. 下列关于机器打磨中涂层的方法，叙述正确的有（　　　）。

A. 使用偏心距为 3mm 的双动作打磨机　　　B. 不需使用中间软垫

C. 如喷涂单工序面漆可用 P400 砂纸打磨　　D. 如喷涂双工序面漆可用 P500 砂纸打磨

10. 下列关于清漆喷涂的注意事项，叙述正确的有（　　　）。

A. 需喷涂 2~3 层　　　　　　　　　　　　B. 喷枪距离为 20cm

C. 气压为 1.2~1.5MPa　　　　　　　　　　D. 每层的闪干时间为 3min

11. 影响漆膜流平性的因素有（　　　）。

A. 溶剂的挥发速度　　　　　　　　　　　B. 漆膜的厚度

C. 溶剂的溶解能力　　　　　　　　　　　D. 喷烤漆房的空气流速

12. 影响涂料遮盖力的因素有（　　　）。

A. 颜料颗粒大小　　　　　　　　　　　　B. 颜料在涂料中的分散程度

C. 喷涂气压　　　　　　　　　　　　　　D. 颜料颜色

13. 引起缩孔缺陷的原因有（　　　）。

A. 被涂表面被水、蜡、抛光剂等污染

B. 供气管路上的油水分离器没有按时排水

C. 调漆罐、搅拌尺不干净或未清洁就使用

D. 被涂表面的底材处理得不平整

14. 引起附着力不良、涂膜剥落的因素有（　　　）。

A. 被涂物表面过于光滑　　　　　　　　　B. 选用稀释剂不当

C. 被涂表面被污染　　　　　　　　　　　D. 底漆、中涂底漆、面漆及腻子不配套

173

15. 下列关于 VOC 的说法，正确的有（   ）。

A. VOC 是挥发性有机物的简称
B. VOC 会造成酸雨
C. VOC 对人体有危害
D. 只有稀料中含有 VOC

16. 水性涂料产品相对溶剂型涂料的优点有（   ）。

A. 方便施工，银粉排列更均匀

B. 遮盖能力更好

C. 颜色调配更为准确，不同施工方法颜色差异小

D. 水性涂料毒性小，喷涂时不用戴防护口罩

17. 对汽车修补用底漆特性的要求主要有（   ）。

A. 对经过表面预处理的车身金属表面有优良的附着力

B. 极好的耐蚀性及耐化学品性能，具有良好的施工性能

C. 钝化金属表面的性能，对外界有良好的封闭性

D. 对金属配套性好，对腻子、中涂底漆或面漆层兼容性好

18. 关于开蜡，描述正确的有（   ）。

A. 在进行开蜡程序前，必须将全车外表清洁干净

B. 将开蜡液喷涂在车体上后要稍等 1~3min，让它软化一段时间

C. 如在擦除封蜡过程中发出"吱吱"的响声，说明毛巾中存有砂粒，应立即停止施工，清洗干净后才可使用

D. 在开蜡后要把车冲洗干净，不留任何开蜡液或保护

19. 影响三工序珍珠漆施工效果的主要因素有（   ）。

A. 底色漆   B. 喷涂层数   C. 喷涂环境   D. 走枪速度

20. 涂料施工对环境的影响主要有（   ）。

A. 涂料中有机物的挥发   B. 废涂料的排放
C. 稀释剂的处理   D. 清洗用废水的处理

16.1.2 汽车车身涂装修复工（高级）理论知识试题答案

一、判断题

1. × 2. × 3. × 4. × 5. × 6. × 7. × 8. √ 9. √ 10. √ 11. √ 12. √ 13. √
14. √ 15. √ 16. √ 17. × 18. √ 19. √ 20. √ 21. √ 22. √ 23. √ 24. √
25. √ 26. × 27. × 28. × 29. √ 30. √

二、单选题

1. A 2. B 3. A 4. C 5. B 6. A 7. B 8. A 9. C 10. C 11. B 12. B
13. C 14. C 15. B 16. C 17. B 18. B 19. B 20. C 21. B 22. A 23. B 24. A
25. C 26. B 27. C 28. B 29. C 30. B 31. A 32. C 33. B 34. C 35. C 36. A
37. B 38. C 39. C 40. B

三、多选题

1. ACD 2. AC 3. ABCD 4. ABC 5. ABCD 6. ABC 7. ABCD 8. ABD 9. ACD
10. AB 11. ABCD 12. ABD 13. ABC 14. ABCD 15. ABC 16. ABC 17. ABCD
18. ABCD 19. AB 20. ABC

16.2　技 能 考 评

汽车车身涂装修复工（高级）对应的技能考评可参考表 16-1～表 16-7。

表 16-1　调色过程及色板质量考评表

测 量 分 评 分 表

项目名称　汽车喷漆　　　　　　　　　　　　　　　考评日　＿＿＿＿＿

　　　　　车门皮喷涂　　　　　　　　　　　　　　　选手号　＿＿＿＿＿

子配分说明　调色过程及色板质量　　　　　　　　　　子模块号　＿＿＿＿＿

评分细则编号	最大分值	评分细则描述	规定或标称值	结果或实际值	实际得分
M1	100	调色时全程佩戴防护眼镜、安全鞋、工作服、活性炭防护口罩和乳胶手套,喷涂色板时戴工作帽,如有 1 次错误扣 3 分;短时间摘除眼镜擦干净眼镜或比对颜色不扣分			
		调色结束时,工具、色母未恢复原状,每种扣 3 分 油漆滴落到台面、地面但不马上擦拭清洁,每次扣 3 分 每次使用完未及时将产品包装盖盖好,喷枪放置到地面上,每次扣 4 分 非严重错误:物料包装罐、喷枪等摔落地面但未损坏,且油漆未倾洒,扣 4 分 严重错误:物料包装罐、喷枪等摔落地面,导致油漆倾洒或工具损坏,扣 5 分			
		提交的色板存在喷涂未完全遮盖、清漆漏喷等缺陷,提交的银粉色板存在色漆发花等缺陷,每种缺陷扣 5 分			
		提交的色板正面有大量脏点、痱子、手印或污染,每种缺陷扣 3 分			
		未记录所添加色母,或色母选择错误,扣 4 分			
		第二次调配面漆色漆,扣 5 分;第三次调配面漆色漆,扣 8 分			

　　　100　　　　子模块分值　　　　　　　　　　　　　　　实际得分　＿＿＿＿＿

表 16-2　银粉效果考评表

测 量 分 评 分 表

项目名称　　汽车喷漆　　　　　　　　　　　　　　　考评日　　_____
　　　　　　车门皮喷涂　　　　　　　　　　　　　　　选手号　　_____
子配分说明　银粉效果　　　　　　　　　　　　　　　子模块号　_____

评分细则编号	最大分值	权重分值	评分细则描述	专家评分			实际得分
				1	2	3	
J1	100	50	正面及第一折边没有底色漆露底（需强光检查）、流挂、起花（起云）、堆起等缺陷				
		0	正面及两个侧面（共 3 个角度）可见非常明显的流挂、堆起（厚薄不均）				
		10	正面及两个侧面（共 3 个角度）可见非常明显的非流挂缺陷（判断尺度：2s 内即可看出），或每处面积>A3（即 A3 纸的面积），无法交车				
		20	行业不及格水平：2 个侧面角度可见明显色漆缺陷，每处面积>A4（即 A4 纸的面积），或位于明显位置，不可交车				
		30	行业及格水平：最多 2 个侧面角度可见不明显色漆缺陷，但是每处面积<A4，或位于边角				
		40	行业优良水平：某 1 个侧面角度仔细观察可见色漆缺陷（判断尺度：在告知位置情况下仍较难看出，认为完全可以接受）				
		50	优秀：完全看不出底色漆存在缺陷				
		100	子模块分值		实际得分		

表 16-3　银粉颜色准确度考评表

测 量 分 评 分 表

项目名称　　汽车喷漆　　　　　　　　　　　　　　　考评日　　_____
　　　　　　车门皮喷涂　　　　　　　　　　　　　　　选手号　　_____
子配分说明　银粉颜色准确度　　　　　　　　　　　　子模块号　_____

评分细则编号	最大分值	权重分值	评分细则描述	专家评分			实际得分
				1	2	3	
M1	30	15	目测所提交样板的颜色准确度（对照标准板）				
		0	不像是同一颜色，不能继续调整				

（续）

评分细则编号	最大分值	权重分值	评分细则描述	专家评分			实际得分
				1	2	3	
M1	30	3	需要添加较多色母才能够过渡喷涂				
		6	有较大差别,无法边对边交车,微调后能够过渡喷涂				
		9	有微小差别,无法边对边交车,能够过渡喷涂				
		12	正侧面都很接近,边对边对比色差很小				
		15	正侧面都很接近,边对边对比无色差				
M2	70	35	目测工件的颜色准确度(对照标准板)				
		0	不像是同一颜色,不能继续调整				
		7	需要添加较多色母才能够过渡喷涂				
		14	有较大差别,无法边对边交车,微调后能够过渡喷涂				
		21	有微小差别,无法边对边交车,能够过渡喷涂				
		28	正侧面都很接近,边对边对比色差很小				
		35	正侧面都很接近,边对边对比无色差				
	100		子模块分值			实际得分	

表 16-4　清漆效果考评表

测 量 分 评 分 表

项目名称　汽车喷漆　　　　　　　　　　　考评日　_____
　　　　　车门皮喷涂　　　　　　　　　　选手号　_____
子配分说明　清漆效果(纹理、流平)　　　　子模块号　_____

评分细则编号	最大分值	权重分值	评分细则描述	专家评分			实际得分
				1	2	3	
J1	100	50	目测判断清漆的纹理、流平、均匀度				
		0	部位(位置)漏喷(无清漆),打磨重喷时会导致需要从色漆开始喷涂				
		10	不能交车,且抛光一定抛穿,但打磨重喷后只需喷涂清漆				
		20	不能直接交车,抛光易抛穿,抛光解决较难				
		30	行业及格水平:>1/3 面积抛光后可确保交车				
		40	行业优良水平:不抛光可交车,但未达到最佳水平;小于 1/3 面积抛光后即达到优秀				
		50	纹理、流平可以不抛光即交车				
	100		子模块分值			实际得分	

177

表 16-5　面漆表面缺陷考评表

测 量 分 评 分 表

项目名称　汽车喷漆　　　　　　　　　　　　　　　　　　　考评日　＿＿＿＿＿
　　　　　　车门皮喷涂　　　　　　　　　　　　　　　　　　选手号　＿＿＿＿＿
子配分说明　面漆表面缺陷　　　　　　　　　　　　　　　　　子模块号　＿＿＿＿＿

评分细则编号	最大分值	评分细则描述	规定或标称值	结果或实际值	实际得分
M1	80	需要返工的清漆缺陷,有鱼眼、起泡、针孔、印痕(含碰伤)、砂纸痕、清漆垂流、未喷涂清漆、清漆喷涂过薄亚光等 需修补清漆面积>75%,扣 70 分 需修补清漆面积 50%~74%,扣 40~45 分 需修补清漆面积 25%~49%,扣 25~35 分 需修补清漆面积约 20cm×20cm,扣 20 分 需修补清漆面积约 10cm×10cm,扣 20 分			
		可抛光的清漆缺陷,有轻微鱼眼、起泡、针孔、印痕(含碰伤)、砂纸痕、轻微垂流(边角或板面上厚但未垂流或轻微垂流,抛光后即可交车)等 需整片抛光,扣 20 分 需抛光 75%~99%面积,扣 16~19 分 需抛光 50%~74%面积,扣 11~15 分 需抛光 25%~49%面积,扣 5~10 分 需局部点抛,每点扣 10 分			
		第一折边外侧不评价;同一部位只能扣除一次分数			
M2	20	第一折边外侧部位底色漆及清漆喷涂结果			
		底色漆露底(漏喷),不同位置明显颜色不一致(外侧不和正面比较颜色),每 1cm 扣 2 分			
		清漆漏喷,无清漆或清漆未成膜,光泽度 50%以下,每 1cm 扣 2 分;薄喷、光泽度 50%以上不扣分,由于虚上油漆导致手触粗糙及亚光不扣分			

　　　　　＿＿＿＿＿＿
　　　100　　子模块分值　　　　　　　　　　　　　　　实际得分
　　　　　＿＿＿＿＿＿　　　　　　　　　　　　　　　　　　　　＿＿＿＿＿

表 16-6　抛光过程考评表

测 量 分 评 分 表

项目名称　汽车喷漆　　　　　　　　　　　　　　　　考评日　_____

　　　　　车门皮喷涂　　　　　　　　　　　　　　　　选手号　_____

子配分说明　抛光过程　　　　　　　　　　　　　　　子模块号　_____

评分细则编号	最大分值	评分细则描述	规定或标称值	结果或实际值	实际得分
M1	100	检查口罩、工作服、手套;打磨时应佩戴防尘口罩、线手套、安全鞋、耳塞、护目镜;清洁粉尘时戴棉纱手套、防尘口罩;清洁去污时戴白色乳胶手套、防溶剂口罩;戴乳胶手套对非抛光区域进行遮蔽防护;1 项不合格扣 2 分			
		使用遮蔽膜、遮蔽纸、胶带等对非作业区进行遮蔽,未做遮蔽扣 4 分 遮蔽不当或漏掉遮蔽,每处扣 2 分,但此项总扣分不超过 4 分			
		正确使用偏心距小于或等于 3mm 的干磨机粘贴 P2000 干磨砂纸打磨损伤的漆面,去除划痕、漆面桔皮、尘点、鱼眼、流挂等缺陷。使用干磨机或砂纸不正确,每项扣 2 分			
		正确使用抛光机对打磨后的漆面进行抛光,佩戴防溶剂口罩、乳胶手套,先使用羊毛轮将抛光剂均匀地涂在抛光轮表面对损伤的漆面进行粗抛光,粗抛光完毕再使用蓝色或黄色的海绵轮均匀涂抹抛光剂进一步进行精抛光。抛光轮使用错误,每次扣 2 分			
		去除遮蔽,清洁工件,未操作或未完成扣 3 分			
		整理、清洁工位,未清理工位或未完成扣 8 分			

　　　100　　　子模块分值　　　　　　　　　　　　　　　　　实际得分　_____

表 16-7　抛光后效果考评表

测 量 分 评 分 表

项目名称　汽车喷漆　　　　　　　　　　　　　　　考评日　_____

　　　　　车门皮喷涂　　　　　　　　　　　　　　选手号　_____

子配分说明　抛光后效果　　　　　　　　　　　　　子模块号　_____

评分细则编号	最大分值	权重分值	评分细则描述	专家评分			实际得分
				1	2	3	
J1	100	50	目测判断清漆抛光后的纹理、流平,抛光前打磨造成的砂纸痕,以及抛光造成的抛光纹				
		0	抛穿,打磨重喷时会导致需要从色漆开始喷涂				
		10	抛穿,打磨重喷时只需喷涂清漆				
		20	不能直接交车,抛光易抛穿,抛光解决较难				
		30	行业及格水平:大于 1/3 面积抛光后可确保交车				
		40	行业优良水平:不抛光可交车,但未达到最佳水平;小于 1/3 面积继续抛光后即达到优秀				
		50	纹理、流平可以不抛光即交车				
		100	子模块分值			实际得分	

常见缺陷的处理

项目 **17**

缺陷的处理及预防

17.1　原子灰渗色

经过施喷面漆后，在使用原子灰的地方，表层颜色会产生变化，通常的表现为颜色较周围浅，尤其是浅蓝和浅绿的银粉底色漆容易发生这种现象。原子灰渗色如图 17-1 所示。

（1）形成原因　原子灰中固化剂过多，固化剂中的氧化物漂白颜料导致颜色不均、原子灰质量较差。

（2）预防及修正　参照说明正确调兑原子灰，坚持使用质量好的原子灰。

若渗色已经发生，打磨表面油漆并重涂，情况严重时可能要除去原来的原子灰重新修补。

图 17-1　原子灰渗色

17.2　底材污染起泡

底材污染导致漆面表面产生不规则的起泡情况。起泡源于底材污染，也称为气泡、痱子或小泡沫等。底材污染起泡如图 17-2 所示。

（1）形成原因

1）不恰当的清洁及准备工作。

2）来自于供气管道、车间工具及原来的修补区的污染。

（2）预防及修正　清洁所有表面并喷涂彻底，彻底清除蜡、油脂及抛光剂等物质，确保经常排放压缩机及供气管道中的水并保持清洁。若起泡已产生，轻轻打磨表面（注意不要磨穿漆膜），重新喷涂；若情况严重，应打磨至裸金属再重新施工。

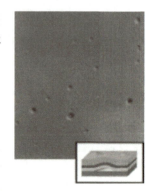

图 17-2　底材污染起泡

17.3　灰尘及尘点颗粒

灰尘或脏的东西被包裹在漆膜中就会形成灰尘及尘点颗粒。灰尘及尘点颗粒如图 17-3 所示。

（1）形成原因

1）喷涂间不清洁，工件表面受到灰尘污染。

2）油漆在喷涂前未能有效过滤。

3）压缩空气来源不洁。

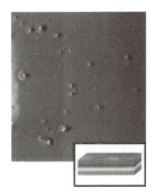

图 17-3　灰尘及尘点颗粒

（2）预防及修正　使用压缩空气吹干工件表面，喷涂前再用抹尘布清洁表面；充分搅拌油漆，充分过滤后再使用；喷涂前彻底清洁喷房及周围。若已有尘点，打磨至平滑表面再重涂。对于较轻微的尘点，可以做打磨、打蜡及抛光处理。

17.4　羽状边开裂

羽状边开裂是指漆膜在羽状边周围开裂。羽状边开裂如图 17-4 所示。

（1）形成原因

1）过量稀释或使用劣质的稀释剂。

2）在打磨斜边时使用太粗的砂纸而未有适当的处理，经喷涂后溶剂进入砂纸痕侵蚀漆膜。

3）喷涂时湿漆膜太厚。

4）旧漆膜或以前修补的缺陷显示出来。

5）喷涂间气温太低。

6）气喷风干。

7）喷涂相隔时间过短。

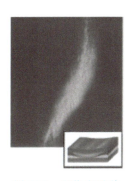

图 17-4　羽状边开裂

（2）预防及修正

1）采用正确的稀释比例及按要求使用稀释剂。

2）用细砂纸打磨羽状边。

3）不要喷涂过重过湿的漆膜。

4）确保新面漆与底材相匹配。

5）加热喷烤漆房或正在被喷涂的底材。

6）不要使用气喷风干，因为这样只能达到表干。

7）漆膜之间要充分干燥。

8）为避免再度开裂，打磨表面（但不能磨穿）后重喷。

17.5　刮痕裂现

刮痕裂现是指面漆显现有规则的深刮痕。刮痕裂现如图 17-5 所示。

图 17-5　刮痕裂现

（1）形成原因　底材使用太粗的砂纸打磨而未用原子灰填充砂纸痕。

（2）预防及修正

1）用干磨或湿磨的方式打磨砂纸痕。

2）补土或适当施喷底漆，如仍有刮痕，打磨至平滑表面再喷。

3）涂原子灰、中涂底漆等，然后再喷涂面漆。

17.6　鱼　　眼

鱼眼是指面漆上呈现的圆形的小坑，有时呈分散状，有时呈聚集状。鱼眼如图 17-6 所示。

（1）形成原因　表面污染，如油、含硅酮物的蜡等都会导致鱼眼。

（2）预防及修正

1）在进行喷涂之前，应确定工件表面已彻底清洁（使用油性清洁剂或中性清洁液。表面污染严重时，使用打磨布蘸清洁剂打磨）。

2）确保所有接触硅酮物的工作在远离喷烤漆房的隔离工作间进行。

图 17-6　鱼眼

3）若鱼眼已发生，打磨有缺陷的油漆再重喷。

注意：

1）空气压缩机使用厂家建议的油或润滑剂。

2）确保输气管道正确使用。常常发现硅酮物来自于管道而不是被喷涂的油漆中。

3）不建议使用防鱼眼的含硅酮物添加剂，因为该添加剂的使用可能污染周围其他的喷涂工件，严重者可能导致附着力不良。

17.7　手印起泡

手印起泡如图 17-7 所示。

（1）形成原因　不论手掌看起来多干净，其实总有不容易被肉眼看到的污物、油脂及

图 17-7　手印起泡

汗渍，这些足以导致漆膜起痱子或附着不良。

（2）预防

1）手不能接触准备喷涂的表面。

2）在汽车装配车间，人手从来不能直接接触汽车。人手经过化学品清洁后带上棉手套再工作。

17.8　潮 湿 起 泡

潮湿起泡是指漆面平均分布似麻点状的小泡，大小各异，存在于新旧油漆表面，在非常湿热的条件下容易出现。这些气泡在空气湿度降低后会消失，漆膜又变得平整。潮湿起泡如图 17-8 所示。

图 17-8　潮湿起泡

（1）形成原因　面漆同中涂底漆，或中涂底漆同底材间的附着力缺陷均可能导致潮湿起泡。没有油漆不透水，在极端条件下，水会以液态的形式渗入漆膜然后又以蒸汽的形式穿出漆膜。任何油漆的缺陷都可能让水汽进入或穿透漆膜造成潮湿起泡。

为了最大限度地减少潮湿起泡，应按照如下程序处理：

1）对所有裸金属进行表面处理。

2）在潮湿天气只用干磨，并做彻底打磨。

3）在用硬水做湿磨处，最后一次用软水清洁。

4）保持供气管道和压缩机干燥。

5）确保工件表面在喷涂前完全干燥。

6）确保面漆的漆膜厚度符合要求。

7）确保喷涂件在完全干燥前不要放置于恶劣的环境下。

8）确保汽车在未喷涂面漆前的底漆时不暴露于喷涂间外。

9）正确地使用与面漆匹配的底漆。

（2）预防及修正

1）应用正确的喷涂工序。

2）当气泡未破裂时可以透过漆膜挥发使漆膜恢复原状。

3）情况严重时必须彻底打磨或脱漆重喷。脱漆至裸金属后重喷是恰当选择。

17.9　起　　皱

起皱是指由于漆面膨胀而在部分区域形成的隆起状，可能呈现出不同的形状。起皱也称为浮皱、皱缩，如图17-9所示。

（1）形成原因

1）使用错误的稀释剂。

2）施喷前，底材表面的油脂、蜡质物未彻底清除。

3）重涂时间太短，导致湿漆面中的溶剂侵蚀中涂底漆或面漆使之变软。

4）旧漆膜的缺陷未被清除。

（2）预防及修补

图 17-9　起皱

1）使用正确的稀释剂并确定正确的稀释比例。

2）无论是打磨或喷涂前，都应该仔细清除底材表面的油脂及蜡质物等。

3）中涂底漆应完全干燥，应避免过分厚涂导致干燥不完全。

4）确保面漆同底材匹配，否则，第一层的面漆应均匀薄涂。

5）若起皱已发生，打磨有缺陷的区域至平滑（但不能磨穿），然后重涂。

17.10　银粉起花（斑纹）

银粉及珍珠底漆常出现一种表面像被敲打过的痕迹，即一些深色的小圈围绕浅色银粉或深浅不一，称为银粉起花或斑纹。若是在底色漆中，这种现象往往在喷涂了清漆后才被发现。银粉起花（斑纹）如图17-10所示。

（1）形成原因

1）稀释剂使用不当，常因过度稀释。

2）喷涂时，喷枪和板块的距离太近。

3）每层过分厚涂，导致银粉排列杂乱。

4）喷涂间温度过低。

5）层间静置时间太短。

6）喷涂技巧掌握不够。

7）喷涂底色漆时，喷涂清漆前的静置时间不够，或喷涂清漆前干喷底色漆。

图 17-10　银粉起花（斑纹）

（2）预防及修正

1）按要求稀释。

2）使用正确的喷涂技巧，包括枪距、走枪速度等。

3）不要过分厚涂湿漆。

4）有必要时，适当提高喷涂间的温度。

5）按要求的湿漆膜层间静置时间进行静置。

6）若斑纹已产生，建议用正确的稀释比例及施工技巧重新喷涂一个双层。若斑纹产生于喷涂了清漆的底色漆中，建议参照生产商的要求施工。

17.11　桔　皮

桔皮是指漆膜产生桔皮似的块状效果，是由于流平不佳所致。桔皮如图 17-11 所示。

（1）形成原因

1）漆膜过厚。

2）使用了劣质的稀释剂或不正确的稀释剂比例。

3）喷枪设置不当导致雾化不良。

（2）预防及修正

1）选用适当的稀释剂并使用正确的稀释比例。

2）应用正确的喷涂技术及选用正确的喷枪来喷涂面漆。

3）不要用吹风的方式干燥漆膜，因为这样可能导致未流平而表干。

图 17-11　桔皮

4）若桔皮已发生，当漆膜完全干燥后，用适当的蜡打磨抛光。情况严重时，打磨至光滑表面再打蜡抛光，或用正确的稀释剂及喷涂技巧重涂。

17.12　干　喷

粉状及粗糙的漆面效果称为干喷，也称为过喷、绒毛或干喷溶解不良。干喷如图 17-12 所示。

（1）形成原因

1）通常在车顶板、发动机舱盖的大面积喷涂时中间接枪位置较易产生。

2）喷涂时气压太高，喷涂间通风系统不良或温度太高，或选用不正确的喷嘴及施工工艺不当。

（2）预防及修正

1）提高喷涂技术。

2）使用正确的稀释剂。

3）喷涂时使用正确的空气压力。

4）若气候炎热干燥，适当使用化白水或慢干稀释剂。

图 17-12　干喷

5）正确设置喷枪。

6）避免喷涂间气流不稳定。

7）对于中涂底漆，用抹布蘸稀释剂擦拭，或等漆膜干燥后打磨。

8）对于面漆，用 P1200 砂纸打磨，然后打蜡抛光。

17.13 起　　皮

漆膜产生卷起、脱落等现象称为起皮。起皮如图 17-13 所示。

（1）形成原因

1）底材未经有效的除油及前处理。

2）油漆本身或风管的污染。

3）底材（如铝、镀锌铁板或塑料）上选用不恰当的底漆。

4）油漆系统中油漆产品不匹配。

（2）预防及修正

1）打磨前清洁板件，并在喷涂前再次清洁板件。彻底打磨以提供足够的附着力，必要时可使用金属表面附着力促进剂。

图 17-13　起皮

2）对特殊的底材使用合适的底漆及面漆。

3）塑料上选用恰当的清洁剂及底漆。

4）若起皮已发生，去掉比脱落面积更大些的面漆，打磨并重喷。

17.14 针孔（凹坑）

出现在漆膜上的密集小孔称为针孔（凹坑）。针孔（凹坑）如图 17-14 所示。

（1）形成原因

1）烘烤前闪干的时间太长。

2）错误地使用稀释剂（数量及规格）。

3）不正确的底材清洁和准备。

4）喷涂用高压气有水汽。

5）过分厚的湿涂层，且溶剂中夹杂气泡。

6）喷涂间温度过高或过低。

7）旧漆膜有针孔未去除就喷新油漆。

8）用吹风机不正确地风干。

9）材料雾化和分散不够。

图 17-14　针孔（凹坑）

（2）预防及修正

1）严格遵循烘干规则。

2）选用正确的稀释剂，按建议的比例稀释。

3）在首次打磨前后，清洁被涂表面，除去蜡、脂、抛光材料和其他异物。

4）压缩机的排放阀门必须每天开启，使聚集的废料流出。

5）避免过分厚涂，中等膜厚以确保正确的溶剂挥发。

6）不要吹干湿漆表面，这样可能会引起表面结皮或膜中溶剂滞留。

7）使用正确的喷枪并进行压力调整，确保雾化良好。

8）如果针孔已发生，打磨至平整后重新喷漆。

17.15　流　　挂

表面油漆过多导致流淌称为流挂，也称为流泪、垂流等。流挂如图 17-15 所示：

（1）形成原因

1）稀释剂过量。

2）漆膜过厚。

3）漆层太湿。

4）漆膜之间静置流平时间不够。

5）喷烤漆房温度过低。

6）喷枪使用不当。

（2）预防及修正

1）按指示稀释油漆。

2）喷涂适当膜厚的油漆。

3）调节喷枪流体，降低材料流动。

4）适当延长层间静置时间。

5）施工时考虑环境温度。

图 17-15　流挂

6）持枪不可过近，移动喷枪时，保持正确的角度和均匀的速度。

7）如果流挂已发生，打磨表面并重喷。有时可以使用细砂纸仔细湿磨流挂处，然后打蜡抛光。

参 考 文 献

［1］ 中国汽车维修行业协会. 车身涂装［M］. 2 版. 北京：人民交通出版社，2014.

［2］ 深圳市美施联科科技有限公司. 德国 SATA 喷涂设备培训教程［M］. 沈阳：辽宁科学技术出版社，2017.

［3］ 庞贝捷漆油贸易（上海）有限公司. 专业汽车颜色培训手册［Z］. 2011.

［4］ 上海特威喷涂技术有限公司. DeVilbiss（戴维比斯）喷涂设备教材［Z］. 2018.

［5］ 广东景中景工业涂装设备有限公司. 喷烤漆房使用教程［Z］. 2019.